Das Recht
am eigenen Bilde.

Von

Hugo Keyßner,
Geh. Justiz- und Kammergerichtsrath.

Berlin SW.48
Wilhelmstrafse 119/120.
J. Guttentag, Verlagsbuchhandlung.
1896.

Vorwort.

Inhaltlich und gestaltlich verschieden habe ich den Gegenstand in Vorträgen behandelt, welche von mir in Berlin am 19. April 1895 in der Freien photographischen Vereinigung und am 11. Juni 1895 in der Juristischen Gesellschaft gehalten worden sind. Wiederum verändert biete ich hiermit den Gedankengang einem Leserkreis dar.

Wie wenig ich den Gegenstand für abgeschlossen erachte, habe ich mehrfach und noch besonders in den Schlufszeilen zum Ausdruck gebracht.

Möge es mir gelungen sein die umstrittenen Fragen hervorzuheben und einer gesicherten Beantwortung zu nähern.

Die Ziffern im Text weisen auf die im Anhang beigefügten Anmerkungen hin.

Berlin, im Mai 1896.

H. K.

Liebe, Verehrung und Anerkennung der Zeitgenossen läſst die Abbilder der Männer und Frauen, deren Denken und Handeln ihnen den Nachruhm gesichert hat, aus Künstlerhand entstehen. Die höchste Ehre ist solche Verewigung im Bilde. Auch die Gestalt dessen soll unvergänglich werden, dessen Thaten in dauernder, segensreicher Nachwirkung von dankbaren Nachkommen empfunden werden.

Wer im Ahnensaal die Bilder seiner Vorfahren erblickt, der wird auch sich für die Zukunft erhalten wollen und die Verpflichtung in sich fühlen, sein Bild dem der Voreltern anzureihen.

Wer mit reichen Gütern gesegnet sich bewundert und vielgenannt wissen will, der wird sich durch den berühmtesten Maler oder Bildhauer darstellen lassen. Erfreut über den Platz, der ihm im Lichtsaal der Kunstausstellung eingeräumt wurde, hofft er dereinst in eine Gemäldegalerie Aufnahme zu finden und neben dem Künstler genannt zu werden.

Wer sich für seine Kinder malen läſst, damit auch die Enkel wissen, wie die lieben Groſseltern aussahen, der wird erfreut mit seinem und seiner Hausfrau wohlgetroffenen Bild seine gute Stube schmücken.

Gedacht sei des Bildes, das wir in glücklicher Zeit ertigen liefsen, auf dem nun unser Blick in friedvoller Erinnerung ruht mit dem Gedanken: Wie gut, dafs ich das Bild habe!

Wie verschiedenartig die Gründe, welche zur Herstellung des Bildes Veranlassung gaben, wie verschieden sein künstlerischer Werth, wer der Dargestellte, welchen Geschlechts das Urbild und der Schöpfer des Abbildes, das Alles ist für die rechtliche Beurtheilung gleichgiltig. Ohne das Urbild konnte der bildende Künstler das Abbild nicht zaubern. Nur das Urbild konnte das Abbild entstehen lassen. Das Urbild ist Herr seines Abbildes.

Der Künstler mufs das Abbild, dem, der es von ihm fertigen liefs, dem Besteller, gemeinhin dem Urbild, ausliefern nach allen Rechten gegen Gewährung der zuständigen Gegenleistung.[1])

Hiermit wird der Satz aufgestellt:

> Das vom Künstler gefertigte Abbild gehört von dessen Entstehung ab dem Urbild bezw. dem Besteller.

Die hier in Betracht kommenden Gesetze[2])

> betreffend das Urheberrecht an Schriftwerken, Abbildungen, musikalischen Kompositionen und dramatischen Werken vom 11. Juni 1870,
>
> betreffend das Urheberrecht an Werken der bildenden Künste vom 9. Juni 1870,
>
> betreffend den Schutz der Photographien gegen unbefugte Nachbildung vom 10. Januar 1876,

welche unter der Bezeichnung «betreffend das geistige Eigenthum» zusammengefafst sein mögen,[3]) können über die Eigenthumsfrage keine Auskunft geben, es liegt aufserhalb ihres Gebietes, ebenso wie der Eigenthumserwerb des

Künstlers an dem von ihm verarbeiteten fremden Stoffe, gleichviel ob er in redlichem oder unredlichem Glauben handelt,[4]) worüber jetzt nicht mehr zu streiten ist. In den vorgedachten Gesetzen ist der Verfertiger, Bildner, Künstler dem Besteller gegenübergestellt[5]) und dem regelmäfsigen Gang nach angenommen, dafs der Besteller Eigenthümer[5]) des Werkes — Büste, Bildes — sei. Das Schutzrecht für das Bild ist ganz unabhängig von dem körperlichen Eigenthum an demselben; der Schutz steht dem Urheber zu auf Grund des Rechts an dem geistigen Inhalt.[6])

Wenn die vorgedachten Gesetze über das Eigenthum an dem Bilde von dem Zeitpunkt seiner Entstehung ab keine Auskunft geben, und zwischen dem Künstler und dem Urbild-Besteller des Bildes bei regelmäfsiger Abwicklung des zwischen ihnen geschlossenen Werkvertrages[7]) kein Zweifel entsteht, so können sich doch die Verhältnisse dahin entwickeln, dafs der Begründung des dem Urbild an seinem Abbild zustehenden Eigenthums näher getreten werden mufs.

In der Werkstatt des Malers steht das fertige Abbild auf der Staffelei und soll am folgenden Tage von dem Urbild und dessen Familie prüfend besichtigt werden, wonächst die Ueberführung in die neue Heimath erfolgen und an den Künstler die von diesem sehnlichst erwartete Zahlung des Honorars geleistet werden soll. Da erscheint der Gerichtsvollzieher in dem Atelier behufs Beitreibung einer Geldforderung, gegen den Maler den Zwang zu vollstrecken. Er findet das Abbild — Portrait — pfändet dasselbe, bringt es in den Pfandstall und stellt es zur öffentlichen Versteigerung. Erklärlich wird das

Urbild von dem Mifsgeschick, das sein Abbild betroffen hat, und der weiter drohenden Gefahr tief berührt. Er zieht seinen Rechtsfreund zu Rathe, ob er sich denn solche Gewalthätigkeit von einem Gerichtsvollzieher gefallen lassen müsse. Der Rechtsfreund, der in Ausübung des Fragrechts sich noch darüber vergewissert hat, dafs der Maler alle Stoffe zur Fertigung des Bildes hergegeben hat, entwickelt, dafs der Gerichtsvollzieher durchaus nur seine Schuldigkeit gethan habe, andere pfändbare Gegenstände seien nicht vorhanden gewesen, und dafs aus der Verwerthung des gepfändeten Bildes kein Ueberschufs über die Kosten der Zwangsvollstreckung verbleiben werde,[8]) sei doch nicht zu befürchten. Der Gerichtsvollzieher habe das vorgefundene Bild pfänden müssen. Es müsse, um das Bild dem drohenden Verkauf in öffentlicher Versteigerung zu entziehen, nachgewiesen werden, dafs an demselben dem Urbild-Besteller ein die Veräufserung hinderndes Recht zustehe.[9])

Das geängstigte Urbild findet das Recht in seinem Rechtsgefühl, dem er in dem wiederholten Ruf Ausdruck giebt: «Es ist doch mein Bild.» «Soll etwa der Maler das Bild, welches ich von meiner vielbewunderten, schönen Tochter bei ihm fertigen liefs, nach Belieben verkaufen dürfen, weil es sein Eigenthum sei; soll ich erst Eigenthümer werden und gegen solche Rechtsverletzung gesichert sein, wenn mir das Bild ausgeliefert ist?»

Vielleicht möchten sich unter denen, welche ein Recht des Urbildes auf sein Abbild verweigern, überwiegend studirte Juristen finden, während die schlichten Bürger, die Laienrichter auf Seiten des Urbildes sich zusammengeschaart haben. Es sei hierher gesetzt, was Windscheid am Schlusse des § 28 seiner Pandekten sagt, dessen Ueberschrift lautet «Strenges und billiges Recht»: «Es wird dem Richter eine genaue Erforschung des wahren Gehaltes des positiven Rechts sehr häufig die, dem ersten Blick sich verbergende Möglichkeit gewähren, die Ansprüche der Billigkeit mit den eigenen Mitteln des Rechts zu befriedigen.» [10])

Es mag vielleicht überraschend erscheinen, dafs die hier zur Entscheidung stehende Frage, ob dem Fertiger des Abbildes oder dem Urbild-Besteller das Eigenthum an dem Bildwerk zusteht, nicht öfters durch Rechtspruch zur Entscheidung gebracht ist. Vielleicht darf ein Grund hierfür darin gesucht werden, dafs die alten Exekutoren und die Gerichtsvollzieher der Neuzeit eine leitende Rechtsempfindung dafür hatten, dafs das Bild nicht dem auszupfändenden Künstler gehöre. Ich kann kein Urtheil nachweisen, welches das Eigenthum des Urbildes an seinem Abbilde ausspräche, aus dem dann ein Präjudiz in kurzer Fassung zur Bequemlichkeit, Befriedigung und Freude Mancher hingestellt werden könnte. Eine erfreuliche Unterstützung finde ich in einem Urtheil des weiland preufsischen Obertribunals vom 18. Juni 1856. [11]) Ein Bildhauer hatte ein Modell zu einer Vase angefertigt und dasselbe einem Erzgiefser gegeben, um danach aus eigenem Stoff eine Vase herzustellen. Die fertige Vase wurde von einem Gläubiger des Erzgiefsers gepfändet, auf die Klage des Bildhauers aber diesem frei gegeben. Der damit zur Geltung gebrachte Satz möchte dahin zu fassen sein:

Derjenige, der nach einem gegebenen Modell aus eigenem Stoff ein Werk fertigt, ist nicht etwa deshalb

Eigenthümer des entstandenen Werkes, weil er den Stoff hergab; vielmehr steht das Eigenthum dem Schöpfer des Modells zu, der das Werk entstehen liefs. Damit ist es ausgeschlossen, dafs die Gläubiger des Verfertigers aus dem entstandenen Werk ihre Befriedigung suchen können.

Der Schöpfer, der Erfinder des Modells ist der Urheber, in seinen Diensten steht für ihn der Verfertiger, dieser arbeitet für den Urheber, welcher in dem Verfertigten sein Eigenthum beherrscht. [12])

Giebt der Dichter seine handschriftliche Dichtung dem Buchdrucker, um sein Geisteswerk in Buchform zu vervielfältigen, so ist nicht etwa der Buchdrucker Eigenthümer der fertiggestellten Bücher, die der Dichter durch Kauf für sich zu Eigenthum zu erwerben habe; sondern der Dichter ist Eigenthümer der für ihn hergestellten Bücher, wogegen der Buchdrucker gegen ihn nur ein Forderungsrecht hat, welches gesichert ist durch den Besitz der gefertigten Bücher. [13])

Nicht anders verhält es sich mit dem Erfinder, der ein Patent[14]) nachsuchen oder für ein Gebrauchsmuster[15]) den Schutz sich sichern will und zu diesem Zweck nach seinen Angaben ein Probestück, ein Modell fertigen läfst. Das gefertigte Probestück, Modell ist Eigenthum des Erfinders.

Künstler, Dichter, Erfinder u. s. w. sind die Besteller, denen Erzgiefser, Buchdrucker, Mechanikus, Tischler u. s. w. als Werkmeister, Unternehmer gegenüberstehen; sie schliefsen über die Herstellung des Werkes einen Werkvertrag dahin, dafs nach übereinstimmendem Willen das Werk für den Besteller gefertigt und ihm mit der Entstehung erworben sein soll.

Dem Unternehmer sprechen deshalb die Gesetze ein Pfandrecht für seine Forderungen aus dem Werkvertrage an dem hergestellten Werk zu[16]) und gaben dem Besteller ein Aussonderungsrecht rücksichtlich der in der Konkursmasse des Unternehmers befindlichen Sache.[17])

Wenn der Ehemann sich mit seiner Ehegattin zum bildenden Künstler begiebt und von demselben ein Abbild fertigen läfst, so wird ein den vorstehenden Verhältnissen durchaus gleichartiger Werkvertrag geschlossen. Keineswegs liegt es in der Absicht der vertragenden Theile, dafs der bestellende Ehemann das Bild seiner Ehegattin zu einem, wenn auch vorher verabredeten, Preise kaufe;[18]) sondern der Künstler fertigt das Bild für den Ehemann zu dessen Eigenthum.

Setzt der Besteller sich selbst als Urbild dem Künstler zur Herstellung eines Abbildes, so bleibt der Vertrag als Werkvertrag in selbiger Eigenschaft und damit verknüpften Folgen ungeändert. Für den Werkvertrag ist es ohne Bedeutung, ob der Unternehmer-Werkmeister nur eine handwerksmäfsige oder künstlerische Thätigkeit entwickelt. Auch dem Künstler stehen an dem für den Besteller gefertigten Werk keine weiteren Rechte zu, als dem Handwerker. Dafs die Gesetze über den Schutz des geistigen Eigenthums[19]) über den Eigenthumserwerb am Abbild nichts bestimmen, ist bereits bemerkt,[20]) dafs aber die Gesetze hierfür eine wohlwollende Empfindung haben, wird nicht verkannt werden können. Sein Wohlwollen giebt das Gesetz, betreffend das Urheberrecht an Werken der bildenden Künste[21]) vom 9. Juni 1876 § 8 dadurch zu erkennen, dafs es das Nachbildungsrecht bei Portraits und

Portraitbüsten grundsätzlich nicht dem bildenden Künstler, sondern dem Urbild-Besteller zuspricht.

Nicht minder das Gesetz, betreffend den Schutz der Photographien gegen unbefugte Nachbildung vom 10. Januar 1876 §7, wonach bei photographischen Bildnissen (Portraits) das Recht der Nachbildung und darunter der Vervielfältigung auch ohne Vertrag von selbst auf den Besteller übergeht.

Ist nunmehr das auf Bestellung vom Künstler gefertigte Abbild gegen die Angriffe pfändender Gläubiger für das Urbild gerettet,[22]) so sei hieran die Frage geknüpft, ob etwa der Künstler von dem Urbild, dessen Abbild bei ihm bestellt wurde, ein zweites Abbild, wenn auch nur für sich zur Sammlung oder Erinnerung, also unter Ausschlufs jedes weiteren beabsichtigten wirthschaftlichen Erfolges, fertigen dürfe.

Sind bisher die Wörter «Urbild», «Abbild» in bestimmter Bedeutung gebraucht, so sei für das ohne Genehmigung des Urbildes gefertigte fernere Abbild das Wort «Nachbild» vorgeschlagen und in Verwendung genommen.

Mit uneingeschränkter Bestimmtheit sei der Satz aufgestellt: dem Künstler steht die Anfertigung eines Nachbildes nicht zu. Das Urbild stellte sich dem Künstler zu dem begrenzten Zweck hin, e i n Abbild zu entnehmen. Darüber hinaus reicht des Künstlers Recht nicht. Mit der zweiten Bildnifsentnahme, der Fertigung des Nachbildes überschreitet er die ihm ertheilte, zuständig gemachte Befugnifs; er handelt eigenmächtig, rechtsverletzend. Der Maler empfindet es, dafs er unrecht handelt, wenn er nebenher von dem lieblichen Urbild noch ein Bildchen fertigt, sei es auch nur, um es in sein Skizzen- oder Erinnerungsbuch einzureihen, das über kurz oder lang von Fremden beschaut wird oder gar in fremden Besitz gelangt. Er verheimlicht dem Urbild die Anfertigung des Nachbildes.[23]) Erfordert die Herstellung eines Nachbildes bei dem bildenden Künstler eine schaffende Thätigkeit gleich der für die Fertigung des Abbildes, so ist das bei dem Photographen nicht der Fall, wenn er das unsichtbare Bild auf der Platte entwickelt, das Negativ fertig gestellt hat und die Kopien, Abzüge, Abdrucke anfertigt. Dafs der Photograph nicht heimlich ein Nachbild auf eine zweite Platte in seine Kammer hineinstehlen darf, wird aus der für den Künstler verbotenen Nachbildnerei empfunden sein. Dafs er ohne Einwilligung des Urbildes von dem Negativ keine weiteren Abzüge fertigen darf, ist nach §§ 1, 7 des bereits oben angeführten Reichsgesetzes vom 10. Januar 1876 aufser Zweifel gestellt.

Das Reichsgericht zweiter Strafsenat hat in seinem bekannten Urtheil vom 21. September 1880[24]) das ungenehmigte öffentliche Aushängen eines Nachbildes in Schaukästen als strafbaren Nachdruck gekennzeichnet. Es seien einige Sätze aus diesem Urtheil hierhergenommen:

«Vor allem aber ist die im § 7 des Gesetzes vom 10. Januar 1876 enthaltene Vorschrift, dafs das Recht, ein durch Photographie hergestelltes Bildnifs (Portrait) nachzubilden, ohne Vertrag von selbst auf den Besteller übergeht, dem idealen Interesse entsprungen, welches die Veröffentlichung oder Nichtveröffentlichung des Werkes für den Besteller gewährt. Ein Vermögensrecht wird dadurch nur ausnahmsweise berührt, denn der Fall, wo der Besteller sein Portrait etwa selbst verwerthen will, steht vereinzelt da. Die entschiedene Regel bildet, dafs der Besteller das Bildnifs zum intimen Gebrauch verlangt und es jeden Falls von seiner Willensbestimmung abhängig gemacht sehen will, ob dasselbe auch anderen Personen, wenn auch nur zur Ansicht, zugänglich sein soll. Es ist dies die menschlich vollständig verständliche und gerechtfertigte Abneigung, sich oder eine andere Person wider Willen vor die Oeffentlichkeit gezogen und zum Gegenstande der Aufmerksamkeit und Kritik des Publikums gemacht zu sehen, welche die Ausnahmevorschrift hervorgerufen, und wenn diese Absicht auch in dem Wortlaut des § 7 keinen direkten und unmittelbaren Ausdruck gefunden hat, so läfst doch die Absicht des Gesetzgebers in der speziellen Beziehung auf Portraits sich aus den Vormaterialien unzweideutig feststellen. In den Motiven zu § 8 des Gesetzes vom 9. Januar 1876, das einen gleichen Schutz bei Portraits und Portraitbüsten statuirt, welche sich als Werke der bildenden Künste darstellen, wird bemerkt, dafs diese Ausnahme auf der Erwägung beruhe, dafs bei bestellten Portraits der Besteller ein unzweifelhaftes Recht und ein persönliches Interesse daran hat, dafs sein Bildnifs nicht ohne seinen Willen oder sogar gegen denselben in die Oeffentlichkeit gelange. Die gleiche Erwägung ist auch für photographische Portraits mafsgebend gewesen.

Vergleiche Drucksachen des Reichstages II. Legislaturperiode III. Session 1875, Band 1 No. 24 Seite 16 und 36.

Die Reichstagskommission ist nach anfänglichem Schwanken der Auffassung der von dem Reichstage acceptirten Regierungsvorlage beigetreten mit der Betrachtung, dafs der Besteller, von dem man annehme, dafs er in der Regel die portraitirte Person selbst oder doch ein naher Angehöriger derselben sein werde, ein unbedingtes Verfügungsrecht über sein eigenes Abbild oder das Abbild des Verwandten haben müsse. Vergleiche ebendaselbst No. 76 Seite 7 und 16.»

In Uebereinstimmung hiermit steht, was v. Jhering in seiner Abhandlung «Rechtsschutz gegen injuriöse Rechtsverletzungen» (1885)[25]) sagt. Es sei wörtlich hierher gesetzt.

«Darf ein Photograph die Photographie einer Privatperson, die sich von ihm hat aufnehmen lassen, ohne deren Erlaubnifs in seinem Schaufenster ausstellen oder verkaufen? Sicherlich nicht! Juristisch liegt die Sache ganz so wie im obigen Fall. Der Empfänger hat das körperliche Eigenthum am Briefe, der Photograph an der Platte,[25a]) aber so wenig sich aus ersterem das Recht ergiebt, den Brief zu veröffentlichen, so wenig aus letzterem das Recht, die Photographie öffentlich auszustellen oder zu verkaufen. Der Brief ist nur für den Empfänger bestimmt, die photographische Aufnahme nur geschehen, damit der Besteller die Abzüge erhalte. Beide brauchen daher eine andere als die von ihnen beabsichtigte Verwendung nicht zu dulden, und in diesem Sinne kann man, wie dem Verfasser des Briefes am Briefe, so dem Besteller der Photographie an der Photographie das geistige Eigenthum zusprechen. Der Photograph, der in der angegebenen Weise verführe, würde eine injuriöse Rechtsverletzung begehen und sich der act. injur. aussetzen. Manchen Personen mag daran allerdings sehr wenig liegen, aber nicht jeder sieht es gern, wenn seine Photographie oder die seiner Frau oder Tochter am Schaufenster prangt oder in das Album von Leuten kommt, denen er selber sie niemals geben würde. Zu seiner Sicherung gegen einen derartigen Mifsbrauch wird man ihm sogar das Recht einräumen müssen, die Tilgung der Platte zu verlangen; nach geschehener Benutzung hat der Photograph kein Recht mehr an derselben, die Berufung auf sein körperliches Eigenthum an derselben würde seitens des Richters ebensowenig Beachtung verdienen, als die gleiche des Miethers, der sich einen Hausthürschlüssel hat machen lassen, den der Vermiether nach Beendigung des Miethsverhältnisses herausbegehrt.»

«Was hier von den Photographien gesagt ist, gilt ebenso für die Ausstellung von Portraits auf öffentlichen Ausstellungen ohne Erlaubnifs des Bestellers, oder von einer photographischen Abnahme derselben seitens des Malers.»

Prof. Dr. J. Kohler-Berlin, der in Zeit und Raum Umschau hält für seine weit über alle Gebiete der Rechtswissenschaft hinausragenden, stets sinnigen und anregenden Abhandlungen, nimmt in der Abhandlung «das Individualrecht als Namenrecht» [26]) eine gröfsere Freiheit gegenüber den Abbildern in Anspruch. Dem Gegenstande der Abhandlung entsprechend wird vom Namenrecht ausgegangen, für den Schutz desselben eingetreten und gesagt, dafs nicht der Name an sich das Entscheidende sei; eine Verletzung der Persönlichkeit liege nicht schon dann vor, wenn ein Schriftsteller die Helden des Romans mit Namen auftreten lasse, welche im bürgerlichen Leben üblich seien. Wohl aber liege ein Eingriff in die Persönlichkeit dann vor, wenn sich ein Romanschriftsteller oder Dramatiker des Namens einer Person unter Umständen bediene, welche auf die betreffende Person hinweise.

Wer allerdings in der publizistischen Welt auftrete, müsse sich gefallen lassen, dafs er in das Gewebe eines Romans oder Dramas eingeflochten werde; er gehöre der Geschichte an, auch wenn die Geschichte erst neuesten Datums sei. Wer aber keine historische Stellung habe, der könne verlangen, dafs er nicht in das Gebiet öffentlicher Darstellungen aufgenommen werde, aufser sofern dies (wie bei Faschingsscherzen) hergebracht sei; und auch die historische Person brauche sich bezüglich des Privatlebens nicht in die Oeffentlichkeit ziehen zu lassen, aufser soweit das mit ihrer historischen Stellung zusammenhänge oder zur Charakteristik der Persönlichkeit diene. Zum Wort Faschingsscherz ist folgende Anmerkung gemacht: «Soweit solche harmloser Natur sind und sich in den üblichen Grenzen halten, soll das Recht nicht dagegen einschreiten; das Recht hat nicht die Aufgabe, die berechtigten Lebensfreuden zu stören, soweit nicht höhere Interessen auf dem Spiele stehen.» An einer späteren Stelle sagt Kohler: Wenn der Romanschriftsteller eine wirkliche Person charakterisire und mit ihrem Namen aufführe, sollte hierbei auch nichts Unehrenhaftes sein, so sei es doch eine herbe Störung, wenn das Privatleben auf solche Weise in das elektrische Licht der Oeffentlichkeit gestellt werde. Noch mehr gelte dies, wenn die kleinen oder grofsen Schwächen der Romanperson zur privaten Darstellung kämen, oder wenn gar dieser Person ein häfslicher, verabscheuungswerther Charakter unterstellt werde. Wer auf solche Weise mit seinem Namen portraitirt werde, habe das Recht, hiergegen zu reagiren und zu verlangen, dafs die Fortsetzung fortbleibe. — Ich meine, der so «Portraitirte» mufs auch verlangen können, dafs das bereits hergestellte beseitigt werde, wozu die Strafgesetze die Handhabe bieten.[27]) Anlangend eine Genugthuung in Geld, sofern nicht ein Vermögensschaden nachgewiesen wird, ist die deutsche Auffassung bis in die neueste Zeit durchaus ablehnend.[28])

Kohler geht dann auf die Frage ein, wie es mit dem Recht einer Person stehe, zu verlangen, dafs ihr Portrait nicht öffentlich ausgestellt werde. Er sagt:[29])

«Auch hier gilt der Satz, dafs Personen, die der Geschichte angehören, die sich im öffentlichen Getriebe bewegen, die Ausstellung des Portraits sich gefallen lassen müssen, nicht aber auch die Ausstellung einer Karrikatur — abgesehen von einer Karrikatur-Zeitschrift, in welcher nicht diese einzelne Person allein, sondern eine ganze Reihe von Zeitgenossen scherzhaft behandelt werden; denn solches nimmt der Karrikatur den höchst persönlichen Charakter: es liegt dann eben eine scherzhafte Behandlung der ganzen Zeitgeschichte vor. Auch die (nicht karrikirte) Ausstellung von Personen, welche zwar nicht im öffentlichen Leben thätig sind, aber als Schriftsteller oder Künstler sich Namen verschafft haben, so dafs ein allgemeines berechtigtes Interesse nach persönlicher Kenntnifsnahme vorhanden ist, darf nicht als unbefugt betrachtet werden. Etwas anderes ist es mit den bestellten Portraits: diese dürfen stets nur mit Genehmigung des Bestellers veröffentlicht werden, sofern bei der Bestellung nichts anderes bedungen wurde; denn wer ein Portrait bestellt, will es für sich, für seinen Kreis haben.»

«Auch hier giebt die französische Jurisprudenz eine Fülle von Entscheidungen.

Eine neuere Entscheidung ist: Seinetrib. vom 20. Juni

1884 (Pataille 1888 p. 280 fg.): Ein Maler hatte Alexander Dumas Fils karrikirt und das Gemälde dem Publikum dargeboten. Das Gericht verbot, das Gemälde öffentlich auszustellen. Es sagt (ibid. p. 282): qu' Alexandre Dumas serait en droit de réclamer alors même que le défendeur aurait emprunté ses traits sans aucune intention malveillante, et par cela seul que son autorisation n'aurait pas été obtenue; qu'à plus forte raison sa réclamation est justifiée, quand l'artiste a manifestement cédé à une pensée de dénigrement, dans le but de porter attainte à sa considération.»[30])

«Hier ist das letztere richtig; das erstere geht zu weit: eine Person wie A. Dumas dürfte man malen und ausstellen, auch ohne seine Genehmigung, sofern es sich nicht um ein von ihm bestelltes Gemälde handelt: wer ein Gemälde bestellt, oder gar dabei selbst sitzt, erklärt (wie eben bemerkt) in einer für den Maler verbindlichen Weise, dafs das Gemälde nicht der Publizität überantwortet werden soll, aufser mit seiner Zustimmung, und diese Erklärung nimmt der Künstler dadurch an, dafs er die Bestellung acceptirt: damit ist die Erklärung für jeden verbindend, das Individualrecht ist gewahrt. Eine Karrikatur dagegen öffentlich ausgestellt, ist ein Akt, den sich auch eine bekannte Person in keiner Weise gefallen zu lassen braucht.»

Uebereinstimmung besteht hiernach dahin, dafs dem Fertiger des bei ihm bestellten Abbildes ein Ausstellungsrecht nicht zusteht, gleichviel ob es von einem gewöhnlichen Menschen entnommen ist, oder ob das Urbild zu den Personen zählt, «die der Geschichte angehören, die sich im öffentlichen Leben bewegen».

Es entspricht dem Vorstehenden, dafs der bildende Künstler sich nicht für berechtigt erachtet, das bestellte Abbild öffentlich auszustellen, dafs er vielmehr hierzu das Recht in dem Werkvertrage sich ausbedingt oder die Genehmigung nachträglich erbittet. Für die geschichtlichen Personen nimmt Kohler an, dafs sie auch in den von ihnen entnommenen Abbildern der Oeffentlichkeit angehören und in diesen unbefragt sich ausstellen und verbreiten lassen müfsten. Da Kohler die bestellten Abbilder dem Ausstellungsrecht nicht unterwirft, so ergiebt sich, dafs er gegen die aufsergewöhnlichen Menschen ein Abbildungsrecht anerkannt wissen will und daraufhin zu dem Ausstellungsrecht gelangt.

Dafs Abbilder, welche dem Fertiger zur Vervielfältigung preisgegeben sind, auch unbeschränkt ausgestellt werden dürfen, wird nirgends angezweifelt werden. Dagegen sei hier vorweg bemerkt, dafs dem nicht zugestimmt wird, die geschichtlichen, aufsergewöhnlichen Menschen seien zur Abbildung ins Freie gefallen. Allerdings möchte manchen solcher Freifall genehm sein, in dem eitlen Gefühl, damit die Eigenschaft einer geschichtlichen Persönlichkeit einzuheimsen.

Ohne das Urbild ist das photographische negative Abbild unmöglich; dem photographirten Urbild steht kraft Gesetzes das Urheberrecht am Abbild zu. Man wird sagen dürfen, im Gebiet der Bildnifsphotographie ist das Urbild der Urheber, dem der Photograph auf Grund des Werkvertrages als Unternehmer gegenübersteht.[30a])

Das Reichsgesetz vom 10. Januar 1876 kennzeichnet den Photographen auch nicht als Urheber eines Werkes, sondern vorsichtig zurückhaltend nur als Verfertiger.

Wenn für das vom Künstler gefertigte Abbild dem Urbild das Eigenthum von Anbeginn erworben ist, so ist hier die Frage zu beantworten, wem steht das Eigenthum an dem vom Photographen verfertigten Bildnifs-Negativ zu?[31]) Ein Unterschied gegenüber dem Abbild aus Künstlerhand mufs sofort auffallen. Letzteres ist dazu bestimmt, dem Abbild ausgeliefert zu werden; das Negativ wird gemeinhin vom Urbild niemals beansprucht, sondern verbleibt beim Photographen und wird von demselben nach einer etwa bei der Bildnifsaufnahme vorher kundgegebenen Zeit beseitigt, vernichtet, abgewaschen. Hieraus wird man jedoch nicht folgern dürfen, dafs dem Photographen das Eigenthum am Negativ zustehe.

Weil das Urbild gemeinhin mit dem Negativ nichts anzufangen versteht, überläfst es dem Photographen die Platte; es genügt ihm, dafs der Photograph ihm Abzüge fertigt und ohne seine Zustimmung keine dergleichen fertigen darf.

Der Bildnifsphotograph ist nur Aufbewahrer des Bildnifsnegativs. Der Zustimmung der Photographen wird sich dieser Satz zumeist nicht zu erfreuen haben. Sie werden aber zugeben, dafs die Glasplatten Films, Muskowits ebensowenig Werth haben, wie die darauf befindliche frühere lichtempfindliche Schicht. Sachwerth hat lediglich das Bilddasein. Dieses Bild gehört dem Urbild. Mit demselben ist das Eigenthum an dem werthlosen Stoff unlöslich verbunden. Wenn oben die Gesetzeslage dahin angegeben ist, dafs derjenige, welcher durch Umbildung eine neue Sache schafft, das Eigenthum derselben erwirbt, mag der verwendete Stoff auch fremdes Eigenthum gewesen sein, so dafs es sich nur um Ersatz des fremden Eigenthums fragt,[32]) so wird man daraus auch herleiten können, dafs das Urbild, welches lichtempfängliche Platten in Bildnifsplatten umbildete und damit sein Abbild schuf und zwar für sich, da kein anderer über dasselbe zu gebieten hat, Eigenthümer der Bildnifsplatte geworden ist, die dann, um ihrem Zweck näher geführt zu werden, entwickelt wird.

Der hiermit aufgebaute Eigenthumserwerb mag noch wenig zum Bewufstsein gelangt sein, wofür bereits dahin die Erklärung angedeutet wurde, dafs der Eigenthümer von seinem Eigenthum ohne seine Arbeiter, Verfertiger, Werkmeister keinen Gebrauch zu machen wufste. Entscheidend ist der zwischen Urbild und Photographen über die Fertigung des Abbildes geschlossene Vertrag, dessen Inhalt, wie Treu und Glauben es erfordern, mit Rücksicht auf die Verkehrssitte[33]) zu ermitteln ist.

Das Urbild — der Besteller — verpflichtet den Photographen — Unternehmer — sein Bild auf eine lichtempfindliche Platte zu nehmen, diese zu entwickeln, von dem als brauchbar befundenen Negativ eine bestimmte Anzahl von Abzügen zu fertigen und auszuliefern gegen eine ausdrücklich oder stillschweigend vereinbarte Vergütung.[34]) Sofern die Aufbewahrung der Platte geschäftsgebräuchlich oder ausbedungen ist, hat der Photograph dem Urbild — Besteller — oder dessen Rechtsnachfolger gegen vereinbarte oder übliche Vergütung weitere Abzüge zu fertigen. Nach Ablauf der Auslieferungszeit verfällt das Negativ werthlos der Vernichtung.[35])

Die Erwerbs- oder Fachphotographen dürften unbefangen gegen diesen Vertragsinhalt kein Bedenken haben. Ist dem aber so, so wäre damit folgender Streitfall entschieden. Ein Wittwer verlangte von dem Photographen, in dessen Verwahrung sich noch die Negativ-Platte der verstorbenen Ehegattin befand, gegen die übliche Vergütung einige Abzüge. Der Photograph, welcher nach der Unmöglichkeit ein neues Negativ herzustellen, den Werth der in seiner Verwahrung befindlichen Platte schätzte, verlangte für jeden Abzug einen eigenwillig hohen Preis. Nach obigem Vertragsinhalt ist die Forderung unberechtigt und auf die übliche Vergütung herabzumindern. Ein Ergebnifs, in dem das Rechtsbewufstsein auch des Erwerbsphotographen seine Befriedigung finden wird.

Ist es hiermit gelungen, dem Urbild das Recht am Abbild zu sichern und gegen Nachbilder zu schützen, so ist damit bereits dem Recht am eigenen Bilde näher getreten.

Die Person wird gekennzeichnet durch den Namen; obwohl keine Eigenschaft der Person, hat die Kennzeichnung derselben, ihr Name, sich bereits Rechtsschutz erworben.[36]) Es darf hier genügen, zu verweisen auf Kohler «das Individualrecht als Namenrecht».[37]) Jhering, «Rechtsschutz gegen injuriöse Rechtsverletzungen»[38]) sowie auf eine Mehrzahl von Entscheidungen des Reichsgerichts;[39]) Dankbar entnommen seien hierher aus Otto Gierkes «Deutsches Privatrecht» Bd. I «Allgemeiner Theil und Personenrecht» § 83 «Namenrechte» folgende Sätze:

«Mit der Persönlichkeit des eigenen Menschen ist als ständige Bezeichnung seiner Individualität ein bestimmter bürgerlicher Name rechtlich verknüpft, der sich nach heutigem deutschen Rechte aus einem Familiennamen und einem oder mehreren Vornamen zusammensetzt.»

«Der Familienname drückt die Zugehörigkeit zu einer durch Geschlechtszusammenhang verbundenen Familie aus. Er wird daher durch Geburt erworben. . . .» «Der Vorname dient als Unterscheidungszeichen des Individuums von anderen Trägern des gleichen Familiennamens. Er wird durch Beilegung erworben . . .»

«Der Familienname bildet sowohl für sich wie in seiner Vervollständigung durch Vornamen als bürgerlicher Name den Gegenstand eines Privatrechtes, das sich als ein besonderes Persönlichkeitsrecht von dem allgemeinen Rechte der Persönlichkeit abhebt. Dieses Recht ist jedoch unverzichtbar, unübertragbar und unvererblich. Auch ist es nur in geringem Umfange der Verfügung seines Subjektes unterworfen.»

«Das Privatrecht am bürgerlichen Namen enthält zunächst das Recht zu dessen Führung, das von jedermann anerkannt werden mufs und im Falle der Bestreitung durch Feststellungsklage zur Anerkennung gebracht werden kann. Dem Staate gegenüber ist das Führungsrecht zugleich Führungspflicht, während anderen Personen gegenüber eine Pflicht zur Führung des rechten Namens nicht besteht.»

«In dem Privatrechte am bürgerlichen Namen ist aber auch das Recht zur Untersagung unbefugter Eingriffe Anderer enthalten. Dieses Verbietungsrecht kann im Wege der negativen Feststellungsklage geltend gemacht werden, gewährt jedoch auch einen klagbaren Anspruch auf Beseitigung vorhandener und Unterlassung künftiger Beeinträchtigungen und im Falle schuldhafter Verletzung auf Schadensersatz. Reichsrechtlich gewährleistet ist der Schutz des bürgerlichen Namens gegen Anmafsung durch unbefugte Führung des gleichen Namens der Firma.[39a]) Darüber hinaus ist in der deutschen Praxis mehr und mehr die Ansicht durchgedrungen, dafs überhaupt ein allgemeiner Anspruch auf Privatrechtsschutz gegen unbefugte Anmafsung eines bürgerlichen Namens besteht. In der That mufs, sobald das Namenrecht als absolutes Privatrecht anerkannt wird, jedermann, der zur Führung eines bestimmten bürgerlichen Namens befugt ist, ohne Weiteres auch als befugt gelten, jedem Unbefugten die Führung des gleichen bürgerlichen Namens zu untersagen. Denn da einerseits im Wesen des Namenrechts als eines Rechtes an einem Unterscheidungszeichen die Ausschliefslichkeit liegt, andrerseits die Führung eines nicht gehörig erworbenen Namens als bürgerlichen Namen stets widerrechtlich ist, sind die Voraussetzungen einer im Rechtswege verfolgbaren Privatrechtsverletzung gegeben. Eine Verkümmerung des Klagerechtes durch die Forderung des Nachweises eines besonderen Interesses an der Unterlassung der Namensanmafsung widerspricht der Rechtskonsequenz und wird durch das Bedürfnifs keineswegs geboten. Dem Namenberechtigten gebührt aber ein Privatrechtsschutz nicht blofs gegen Anmafsung, sondern auch gegen Mifsbrauch seines bürgerlichen Namens. Reichsrechtlich besteht ein derartiger Schutz gegen unbefugte gewerbliche Verwendung eines bürgerlichen Namens als Waarenzeichen. Nach allgemeinen Rechtsgrundsätzen aber kann überhaupt jedermann einen Mifsbrauch seines Namens insoweit verbieten, als darin ein unbefugter Eingriff in seine Persönlichkeitssphäre liegt. So braucht niemand zu dulden, dafs ein Anderer seinen Namen in irreführender Weise als Pseudonym gebrauche oder auf verletzende Art zur Bezeichnung einer Roman- oder Schauspielfigur verwende oder zur Reklame für ein bedenkliches Unternehmen benutze.»[40])

Der Entwurf eines bürgerlichen Gesetzbuchs hat denn auch ein Recht am eigenen Namen anerkannt und besagt zur Wahrung dessen in § 12: [41])

> «Wird das Recht zum Gebrauch eines Namens dem Berechtigten von einem Anderen bestritten oder wird das Interesse des Berechtigten dadurch verletzt, dafs ein Anderer unbefugt den gleichen Namen gebraucht, so kann der Berechtigte von dem Anderen Beseitigung der Beeinträchtigung verlangen. Sind weitere Beeinträchtigungen zu besorgen, so kann er auf Unterlassung klagen.»[42])

Keineswegs darf und soll das Interesse auf das vermögensrechtliche Gebiet beschränkt sein.[43]) Die Person, welche in ihrem Recht auf den eigenen Namen geschädigt, verletzt, beeinträchtigt wird, soll in ihrer berechtigten Feinfühligkeit geschützt werden.[44]) Das Recht auf Unverletzbarkeit der Person enthält den Anspruch auf Achtung vor ihrer Bezeichnung, ihrem Namen. In einer den Namen berührenden Verletzung liegt eine Verletzung der Person.

Immerhin bleibt der Name nur eine äufserliche Bezeichnung, es ist keine dem körperlichen Dasein anhaftende unveräufserliche Eigenschaft in Frage, wie das an dem

Bilde der Fall ist. Ist der Name nur die gebräuchliche Kennzeichnung der Person, so geht die Person in ihrer Gestalt auf. Sehr wohl ist eine Person ohne Namen vorhanden, nimmermehr ohne Gestalt. Die Person wird in ihrem Bilde wahrnehmbar vorgeführt. Die Kennzeichnung durch das eigene Bild ist deshalb für die Person eine viel ergreifendere als durch den verhallenden Namen.[45]) Dem Namenrecht ist das Dasein bereits gesichert. Auf derselben Grundlage wird auch vom Urbild für sein Abbild Schutz beansprucht werden müssen. Oder sollte etwa die Person in ihrem Namen empfindlicher und verletzlicher sein, als in ihrem Bilde! Vielleicht dafs die Feinfühligkeit noch in der Entwickelung begriffen, und das Schutzbedürfnifs bei den sich steigernden Gefahren mehr und mehr empfunden wird. Drohte früher ein seltener Silhouettenschneider, so ist jetzt kaum noch Sicherheit vor dem Einfangen in die Kamera eines Photographen.

Mag man darüber streiten, ob etwa ein Eigenthum am eigenen Körper gedacht werden darf, ob von dort aus zur Anerkennung einer Rechtsverletzung durch den Bildentnehmer gelangt werden könne; es hängt durchaus von meiner Entschliefsung ab, ob ich ein Abbild von meiner Person entnehmen lassen will. Wer vom Urbild ohne dessen Genehmigung ein Abbild entnimmt, macht einen Eingriff in dessen Rechtsgebiet, welches lediglich seiner Herrschaft, seiner Bestimmung untersteht, von dem es jeden fern zu halten das Recht hat. Er macht sich einer Rechtsverletzung schuldig; er verletzt ein dem Urbild ausschliefslich zustehendes Recht, welches ein Gegenstand des zu schützenden Privatrechts ist.

Mit dem erwiesenen Recht ist dann auch der Rechtsschutz erstritten. Es sei versucht, dies an Beispielen darzulegen.

Herr X ist durch eine Grofsthat, welche hier gleichgiltig ist, plötzlich ein berühmter Mann geworden. Alle Welt will sein Bild haben. Herr X hat nebenher als guter Hausvater auch wirthschaftliche Gedanken; er wendet sich an einen Photographen und schliefst mit demselben einen Vertrag, wonach er demselben zu Bildern in verschiedenen Haltungen sitzt und steht. Der Photograph dagegen verpflichtet sich, von jedem verkauften Abbild dem berühmt gewordenen Urbild einen Gewinnantheil zu zahlen.

Ein reisender Schnellphotograph entdeckt den berühmten X, wie er sinnend auf einer einsamen Bank im Thiergarten sich niedergelassen hat. Rasch ist X auf die Platte gebracht, er wird entwickelt, ist gelungen, die Bilder gehen in die Welt und finden reifsend Abnehmer. Wie wird sich die Sache weiter abspielen? Der Photograph eilt zum berühmten X und verlangt Schadensersatz. Er wirft ihm vor: er habe sein Bild zum zweitenmal verkauft; wenn auch nach der überraschend festgehaltenen Ansicht des Reichsgerichts ein unlauterer Wettbewerb nicht verfolgbar sei und haftbar mache,[46]) so sei solcher Doppelverkauf des eigenen Bildes mehr als ein nach Reichsgericht freistehender Wettbewerb; es sei ein Betrugsfall.

X, das Urbild, wird seine Schuldlosigkeit nachweisen und nicht nur anerkennen, dafs der Photograph in seinem Vervielfältigungsrecht verletzt sei, er wird sich selbst als Verletzter empfinden.

Ein zweites Beispiel sei herangezogen. Ein Brautpaar, ausruhend von einem Morgenspaziergange, steht im Thiergarten vor dem Standbild Goethe's. Wenige Tage danach wird eine Photographie öffentlich zum Verkauf gestellt, welche das Standbild Goethe's zeigt, zugleich aber auch die Abbilder des Brautpaares. Haben diese Personen die Verpflichtung sich in dieser Weise auf den Markt bringen zu lassen?

Ich trete dem mit einem bestimmten «Nein» entgegen und nehme für die Person ein Recht am eigenen Bilde in Anspruch und damit Schutz für das eigene Bild.

Ist aber dahin gelangt, dafs dem Urbild das Eigenthum an dem gefertigten Abbild erworben ist, dafs es dem bildenden Künstler nicht zusteht, heimlich nebenher ein Nachbild zu fertigen, so führt dies unmittelbar dahin, dafs auch das erste Bild nicht abgestohlen, nicht ohne Einwilligung der Person entnommen werden darf.

Der berühmte X, der sein Abbild mit dem Nachbildungsrecht an den Photographen verkauft hatte, war zum Verständnifs der wirthschaftlichen Bedeutung, zur Werthschätzung und Verwerthung seines Bildes, seiner Person gelangt. Vor ihm war es bereits längst schön oder ausdrucksvoll gestalteten Personen gelungen aus der Bewilligung, ganz oder theilweise, verhüllt oder unverhüllt von ihnen Abbilder zu entnehmen, einen Gelderwerb zu machen. Es sind dies die für den bildenden Künstler unentbehrlichen Modelle, welche aus dem Leben entnommen, dem Künstler bei späteren Schöpfungen Vorbilder sind. Das Modell läfst sich nach Zeit dafür bezahlen, dafs der Abbildner von ihm ein Abbild nehmen darf, im beiderseitigen, wenn auch nicht weiter ausgesprochenen, doch in der Abschätzung empfundenen Bewufstsein, dafs das Urbild, Vorbild, Modell seine Person dienstbar macht — opfert, wenn es sich zur Abbildung her- und hingiebt. Die wirthschaftliche Bedeutung tritt klingend dabei in den Vordergrund. Dem Modell stellt sich der eigene Körper als ein verwerthbarer Gegenstand dar. Dem Ich, als Subjekt, steht die Persönlichkeit, der Körper, als Objekt gegenüber.[47])

Sofern im Bilde ein Vermögensrecht steckt, wird man demselben den Rechtsschutz nicht versagen und in der Entziehung des Vermögenswerthes eine Rechtsverletzung erkennen. Der Werth oder Preis, welchen das Urbild seinem Abbilde beimifst oder abgewinnt, kann sehr verschieden sein, unschätzbar, unveräufserlich, entgeltlich, werthlos. Das zuständige Recht ist immerdar das gleiche; der Bettler, welcher sein Abbild für werthlos erachtete, kann es fortan stundenweis verwerthen, wie eine umworbene Schönheit später als bezahltes Modell in den Ateliers ihren Unterhalt gewinnt.

In welches Geschlecht der Rechtsgüter man das Recht am eigenen Bilde einzustellen hat, darüber mag man streiten. Trotz der Mannigfaltigkeit der Versuche, den Begriff des Eigenthums zu sichern, wird man kaum Beifall finden, wenn man von einem Ausflufs des Eigenthums reden wollte. Man wird bei unkörperlichen, immateriellen Rechtsgütern einordnen wollen, wobei man sich zunächst über die Abgrenzung zu verständigen haben wird,[48]) oder bei den Individualrechten, Individualitätsrechten.[49])

Ich stelle das Recht am eigenen Bilde bei Gierke als ein neues eigenes Persönlichkeitsrecht[50]) ein. Es seien aus § 81 des deutschen Privatrechts von Gierke einige

Sätze hierher übernommen: «Persönlichkeitsrechte nennen wir Rechte, die ihrem Subjekte die Herrschaft über einen Bestandtheil der eigenen Persönlichkeitssphäre gewährleisten. Mit diesem Namen werden sie als «Rechte an der eigenen Person» gekennzeichnet und somit durch den Hinweis auf die Besonderheit ihres Objektes von allen anderen Rechten unterschieden.»

Zutreffend und in richtiger Beobachtung sagt Gierke rücksichtlich der Persönlichkeitsrechte:[51]) «Vieles freilich ist hier noch im Werden. Darum sind die Grenzen zwischen den besonderen Persönlichkeitsrechten und dem allgemeinen Rechte der Persönlichkeit zum Theil fliefsend und unsicher. Jedenfalls erschöpfen die in feste gesetzliche Form gegossenen Persönlichkeitsrechte nicht den an sich hierfür geeigneten Stoff. Vielmehr lassen sie empfindliche Lücken. Zur Ausfüllung solcher Lücken mufs da, wo das Rechtsbewufstsein der Gegenwart dies heischt, auf das allgemeine Recht der Persönlichkeit zurückgegriffen werden, bis aus ihm ein neues besonderes Recht herausgeholt ist.»

Eine solche Lücke wird, so scheint mir, im Schutz des Rechts am eigenen Bilde empfunden. Wenn früher, wie erwähnt, das Urbild gegen die heimliche Entnahme eines Abbildes, etwa abgesehen von dem Silhouettenschneider, sich sicher fühlen durfte, so hat die Photographie hierin einen ungeahnten Wandel geschaffen. Ein Druck auf einen Knopf und das Bild ist eingefangen. Das Dasein eines Rechts wird in der empfundenen Verletzung erkannt und verlangt Schutz, der ihm nicht versagt werden darf. «Wo der staatliche Schutz versagt, tritt gerade zum Schutze der Persönlichkeitsrechte die Selbsthilfe in vollstem Mafse in Kraft.»[52])

Dem zudringlichen Silhouettenschneider wird das schwarze Abbild aus der Hand genommen und vernichtet; die Dame, welche entdeckt, dafs der Maler ein Nebenbild heimlich gefertigt hat, steckt es, während der Künstler den Raum verliefs, zu sich. Der auf die lichtempfindliche Platte bildlich Eingefangene zieht dem Photographen die Kassette auf. Solche Selbsthilfe ist zuständig. Es besagt das bürgerliche Gesetzbuch für das deutsche Reich:[53])

> «Wer zum Zwecke der Selbsthilfe eine Sache wegnimmt, zerstört oder beschädigt, oder wer zum Zwecke der Selbsthilfe den Verpflichteten festnimmt, oder den Widerstand des Verpflichteten gegen eine Handlung, die dieser zu dulden verpflichtet ist, beseitigt, handelt nicht widerrechtlich, wenn obrigkeitliche Hilfe nicht rechtzeitig zu erlangen ist und ohne sofortiges Eingreifen die Gefahr besteht, dafs die Verwirklichung des Anspruchs vereitelt oder wesentlich erschwert werde.»

Wenn bisher angenommen ist, dafs das Abbild vom gegenwärtigen Urbild entnommen wurde, so kann das Abbild auch geheimnifsvoller entstehen. Durch die Augen senkt sich das Bild in das Herz hinein und ruht dort. Wer hat nicht bereits in früher Jugendzeit dort eine solche Bildnifssammlung angelegt, wer ist nicht gern bereit, auch noch in späteren Jahren die liebe Sammlung zu vermehren. Ein Einblick in dieselbe wird aus guten Gründen nicht gestattet. Gegen die Aufnahme und Aufbewahrung in solcher Bildnifssammlung kann kein Urbild Einspruch erheben. Es kann sogar ein beseligendes Bewufstsein werden, das Empfinden, in dieser Weise in einem fremden Herzen zu ruhen.

Findet ein Austausch der Bilder statt, ist das eine das einer Jungfrau, das andere das eines Jünglings, so führt die Entdeckung des beiderseitigen Bildnifsschatzes zauberhaft zu den glücklichsten Augenblicken im Leben. Gern weilte ich hierhei länger und schilderte, wie die glückliche Zeit sich in Stunden, Monde, Jahre verlängert, und wie endlich, wenn von den Verbundenen Eins abgerufen wird, in dem Herzen des Zurückgebliebenen das dort ruhende Bild bis zur Nachfolge frisch und beglückend bleibt.

Doch solche Einschaltung möchte zu lange und zu weit vom Gegenstand ableiten. —

Das Gedächtnifs kann ohne unmittelbaren Zusammenhang mit dem Urbilde ein Abbild zur Entstehung gelangen lassen. Wenn gefragt wird, ob der Bildner oder Maler in freier Ausübung seiner Kunst hier sich der fremden Gestalt bemächtigen dürfe, so stehe ich nicht an, dies zu verneinen. War das aus dem unmittelbaren Eindruck, der Sinneswahrnehmung entnommene Abbild nicht gestattet, so kann kein Recht dadurch entstehen, wenn vermittelst des Gedächtnisses ein längerer Zeitabschnitt zwischen Eindruck und Abbild ermöglicht wurde.

Wenn der Maler das Urbild anschaut und das in sich aufgenommene Bild auf die Leinwand überträgt, so thut er das trotz kleinster Zeittrennung aus dem Gedächtnifs. Ist bei geschärfter Gedächtnifskraft dem Maler, wenn er bereits das Urbild aus dem Auge verloren hat, die Herstellung des Abbildes noch möglich, so ist aus der gesteigerten Gedächtnifskraft kein Recht herzuleiten. Wie der Zuhörer, welcher aus dem Gedächtnifs einen Vortrag, eine musikalische Komposition aufzeichnet und zum Druck fördert, sich des Nachdrucks schuldig macht,[54]) so macht sich der Maler, welcher später das Abbild fördert, der Verletzung des Persönlichkeitsrechts schuldig. Durch die Gedächtnifskraft wird die Rechtsverletzung nicht geändert, ebensowenig wie durch die Geschicklichkeit des Diebes seine Strafbarkeit gemindert oder gar ausgeschlossen wird.

Gehört dem Urbild-Besteller das Abbild, so ist ihm bereits das ausschliefsliche Recht, über die Anfertigung von Nachbildern zu bestimmen gesetzlich geschützt, sowohl für das Gebiet der bildenden Künste,[55]) wie der Photographie.[56]) Das geschützte Abbild kann die Grundlage als Anregung zu neuen Schöpfungen und Gestaltungen werden. Entstand ein neues Werk, so ist der dem Abbild gewährte Schutz dadurch nicht verletzt, denn es liegt keine Nachbildung vor.[57]) Offen und ungelöst bleibt daneben aber die Frage, ob nicht etwa das Urbild in seinem Persönlichkeitsrecht verletzt wurde.

Hätte Rubens das Bildnifs der schönen Helena Forman auf Bestellung eines ihrer Werber gemalt, wäre sie dessen Gattin geworden, so hätte Rubens, wenn er die schöne Blondine alsdann minder oder mehr enthüllt in seinen Bildern erscheinen liefs, nach heutiger Gesetzgebung sich keiner Verletzung aus Bestimmungen der Urheberrechtsgesetzgebung schuldig gemacht. Er war Urheber[58]) der Jägerin, der Andromeda u. s. w. Aber Helena Forman und nicht minder ihr Gatte hätten den Maler Rubens, vermutlich sogar mit sittlicher Entrüstung, der Verletzung des Persönlichkeitsrechts geziehen. Dem entging Rubens vorsichtig, indem er selbst die schöne Helena ehelichte und liebevoll in seinen Bildern verewigte.[59])

Ist der Persönlichkeit im Abbilde und Nachbilde Schutz zu gewähren, so mufs solcher auch zustehen gleichviel wo die Rechtsverletzungen verübt worden sind, seien sie auch mit selbstschaffender Thätigkeit in einer Allegorie, Urtheil des Paris, Einzug Karls V. in Antwerpen, Jagdzug, Spiel im Walde u. s. w. gethätigt.

Hingedeutet sei auf das Widerspruchsrecht des Ehemannes gegen die von der Ehefrau ohne seine Genehmigung bewilligte Bildnifsentnahme. Angedeutet sei ferner, dafs sogar dem gemietheten Modell in ihrer nackten, nach den Gesichtszügen erkennbaren Gestalt, Schutz zu gewähren ist.

Ob etwa nicht mehr ein Abbild oder Nachbild zur Entstehung gebracht ist, sondern nur eine Anregung zu einer neuen Gestaltung gewonnen wurde, aus der Schönheit des einen Weibes die dem Geschlecht überhaupt zuständige sinnberauschende Form vorgeführt ist — gehört in das Gebiet der auf der Anschauung beruhenden thatsächlichen Beurtheilung,[60]) wofür aufser der unbefangenen Selbstschau durch den Richter in dem Sachverständigen-Verein alterfahrene Kräfte zur Begutachtung amtlich versammelt sind.[60a])

Hiermit — so darf ich hoffen — bin ich zu dem Ergebnifs gelangt, dafs die Personen, die Urbilder, obwohl sie sich öffentlich zeigen, von jedem mit mehr oder minder bescheidenen Augen, Kenner- oder Liebhaberblick angeschaut werden können, deshalb für die Abbildnerei nicht ins Freie gefallen sind. Jedweder ist seines Bildes Herr; ohne seine Genehmigung darf er nicht durch Abbilder veranschaulicht oder durch Illustrationen berühmt gemacht werden.

Nahe liegt die Frage, wie es denn mit der Sache landläufig stehe, ob denn für jeden Bildabdruck die Genehmigung des Urbildes nachgesucht und gegen eine unbewilligte Bildverbreitung Einspruch wegen Rechtsverletzung erhoben werde.

Dies ist nicht der Fall. Wer darüber erstaunt, der denke daran, welcher Einflufs einer Befriedigung des Selbstgefühls, geschmeichelter Eitelkeit, Hoffnung auf Verewigung, irdische Unsterblichkeit beizumessen ist. In Stillschweigen hüllt sich das Urbild, vielleicht läfst sich der Getroffene sogar mit einer mifsbilligenden Bemerkung vernehmen, «um Aufsehen zu vermeiden, lasse man die Sache gehen» — im Herzensgrunde sieht es anders aus. Eine weitere Forschung könnte sogar ergeben, dafs das Urbild selbst das Abbild eingesendet hat und fürsorglich unter Uebernahme der Kosten für dessen Verbreitung bemüht gewesen ist. Es geht hier etwa ebenso wie bei den auf Eitelkeit berechneten Verzeichnissen «berühmter Männer und Frauen». Eine vom Herausgeber des Werkes etwa gestattete Einsicht würde zeigen, wie durch freiwillige Einsendungen mit Abonnement die Zahl der Berühmtheiten vermehrt wird. Sollte nicht sogar in grofsen Nachschlagewerken das Auffinden kleiner Götter, sozusagen Sternschnuppen, beim Leser Ueberraschung und Lächeln hervorrufen.

Gegen mifslungene Abbilder, d. h. namentlich solche, welche bei Vergleichung des Abbildes mit dem Spiegelbild des Urbildes von diesem selbst, als dem zuverlässigsten Richter in prüfender Selbsterkenntnifs, als un-

führen, den Thäter zu verfolgen, zu bestrafen oder bestrafen zu lassen.

Fürst Bismarck hatte jahrelang sein Bild mit den kennzeichnenden drei Haaren im Kladderadatsch stillschweigend hingehen lassen, man sagt, oft selbst belacht. Wegen des Bildes «Es ist Alles schon dagewesen» (No. 35 Jahrg. 1879) und «Märchenhaftes» (No. 36 Jahrg. 1879) wurde auf seinen Strafantrag gegen den weiland Redakteur des Kladderadatsch Ernst Dohm[62]) und weiland erfindungsreichen Zeichner Wilhelm Scholz[63]) Anklage erhoben. Wegen des Bildes in No. 35 erfolgte Freisprechung, wegen des Bildes in No. 36 wurde jeder der Angeklagten der Beleidigung mittels der Presse schuldig zu einer Geldstrafe von 200 Mk., im Unvermögensfalle für je 10 Mk. ein Tag Haft verurtheilt. Die Geldstrafen wurden erlegt.[64]) No. 5 des Kladderadatsch vom 1. Februar 1880 brachte unter der Ueberschrift «Delatori» einen Anruf, welcher in seinen vier Strophen mit den scherzenden Klageworten schliefst: «Nein, Otto, nein, das war nicht hübsch von Dir».[65])

Der Inhalt dieses Gedichtes ist kennzeichnend für die Stimmung, welche durch Strafanträge hervorgerufen wird auf Grund von Vorkommnissen in freimüthigen, gesinnungsvollen Witzblättern, welche den Beifall der lärmlustigen Menge zurückweisend, sich rein und edel in der Form zu halten wissen. —

Wenn ich für den vollen Schutz des Persönlichkeitsrechts eingetreten bin, so wird zu prüfen sein, ob nicht etwa eine Einschränkung geboten ist.

Unvergessen wird sein die Ansicht Kohlers, welche oben S. 14 mitgetheilt ist. Von Personen, welche der Geschichte angehören, die sich im öffentlichen Getriebe bewegen, soll die Bildentnahme jedem freistehen. Mir widerstrebt hier eine Minderung des Persönlichkeitsrechts für hervorragende Personen; überdies dürfte die Abgrenzung der Personenkreise eine allzu unsichere sein, wenn man nicht etwa der Hoffnung sich hingiebt, dafs der Abgebildete gegen die Bildentnahme kaum Widerspruch geltend machen wird, weil er sich anderenfalls in die Zahl der gewöhnlichen Menschen, die auch im Bilde schutzbedürftig seien, einstellen und der Berühmtheit entsagen würde. Ich kann auch nicht ein Gleichnifs darin finden, dafs das Reichsgesetz betreffend das Urheberrecht an Schriftwerken, Abbildungen, musikalischen Kompositionen und dramatischen Werken vom 11. Juni 1870 im § 7 unter d frei stellt den

> «Abdruck von Reden, welche bei Verhandlungen der Gerichte, der politischen, kommunalen und kirchlichen Vertretungen, sowie in politischen und ähnlichen Versammlungen gehalten werden».[66])

Wer für die Oeffentlichkeit sprach und in diesem Bewufstsein der Gedanken sich entäufserte, mag diesen so geformten Gedankengang für die Weiterentwickelung freigegeben haben, es kann ein Anspruch darauf erhoben werden, dafs dasjenige, was für die Oeffentlichkeit gesprochen ist, auch denjenigen zugänglich gemacht werde, welchen die Aufnahme durch das Ohr versagt war. Eine Folgerung für die Hergabe seiner Person als Urbild zum beliebigen Abbild und Nachbild vermag ich hieraus nicht zu entwickeln. Wenn das vorangeführte Reichsgesetz im

§ 7 unter c den anderweitigen freien Abdruck einzelner Artikel aus Zeitschriften und anderen öffentlichen Blättern freigiebt, so kann hier dem Verfasser, Urheber der Wille untergelegt werden, dafs sein Erzeugnifs weitere Verbreitung finden möchte, wenn auch, allerdings wenig schön und ehrbar, ohne Angabe der Quelle.

Bei Personen, welche verehrt, gerühmt, bewundert im öffentlichen Getriebe sich bewegen, der Tagesgeschichte oder selbst der Weltgeschichte angehören, fehlt es mir an erkennbaren Umständen, aus denen auf Willen und Wollen geschlossen werden könnte, dafs sie mit ihrem öffentlichen Wirken auch schrankenlos das Recht zur Abbildung freigegeben hätten.

Es erhebt sich hier wiederum die Frage, wie es denn mit den heutigen Zuständen sich verhält. Man wird auf Kaiser und König, Fürsten und Landesherren sich berufen, von denen Bilder in Umlauf sind, die auf eine entsprechende künstlerische Wohlgestaltung durchaus keine, auf eine Aehnlichkeit oft nur einen sehr geringen Anspruch haben, in nicht seltenen Fällen sogar als unschön empfunden werden. Nichtsdestoweniger ist von einem Verbot, einem Einspruch nichts verlautet. Wenn man hieraus die verallgemeinerte Folgerung ziehen wollte, dafs die der Geschichte angehörenden Personen bis weithin diejenigen, welche im öffentlichen Getriebe sich bewegen, sich abbilden lassen müfsten, so erscheint das allzu gewagt. Wo gewährt wird, darf noch nicht gefordert werden. Wenn der Landesherr sein Mifsfallen über ein nach ihm gefertigtes Abbild zu erkennen giebt, so ist damit die Anforderung begründet, dafs diese Abbilder aufser Verkehr gesetzt werden. Es kann nicht zugegeben werden, dafs nach dem heutigen Rechtsbewufstsein für die Abbildung gewisser Personenkreise ein freies Belieben zu beanspruchen sei. Die illustrirten Blätter, welche die Portraits berühmter Zeitgenossen bringen, thun dies, wenn die Blätter, die als Vorlage für die Wiedergabe dienen, im Kunsthandel käuflich zu haben sind, und der Photograph oder Verleger gegen die Wiedergabe nichts einwendet. Anderenfalls wird das Urbild um Genehmigung angegangen.

Als vor kaum zwei Jahrzehnten ein Schutz gegen den unlauteren Wettbewerb beansprucht wurde, mochte es vielfach erscheinen, als werde hier eine Gestaltung der Rechtsordnung nach eingebildeten, wenn auch fleifsig durchdachten Grundsätzen beansprucht; heut ist anerkannt, dafs nach den durch die spezielle Kultur der Zeit gegebenen modernen und idealen Bedürfnissen[67]) der Wettbewerb von der Unlauterkeit gereinigt werden mufs. Die Abgrenzung durch Gesetzeswort ist schwierig und kann bei Zersplitterung in Einzelfälle, wozu der fleifsige Gesetzgeber leicht hinneigt, für eine gute Rechtsbildung gefährlich werden.[68]) Der ehrbare Mann wird die Grenze zu überschreiten nie in die Lage kommen. Möchte dieses Gleichnifs auch vor dem Vorwurf schützen, als sei das Recht am eigenen Bilde allzu eigenwillig erdacht.

Bei photographischen Bildnissen (Portraits) geht nach § 7 des Reichsgesetzes betreffend den Schutz der Photographie gegen unbefugte Nachbildung, das Nachbildungsrecht auch ohne Vertrag von dem Verfertiger der photographischen Aufnahme auf den Besteller über, womit, wie bereits dargelegt, dem Verfertiger auch das Auslegen in Schaubüchern und Aushängen in Schaukasten versagt ist.[69]) Urheber des photographischen Abbildes ist nicht der fertigende Photograph, wie er denn auch im Reichsgesetz nicht mit solcher Bezeichnung beehrt ist, sondern der Besteller des Urbildes.[70]) Soll der Schutz des Reichsgesetzes gegen Nachbildung zuständig bleiben und hierzu der Besitz des Negativs für ausreichend nicht erachtet werden, so mufs dem § 5 des Reichsgesetzes betreffend den Schutz der Photographien nachgekommen werden, woselbst bestimmt ist:

«Jede rechtmäfsige photographische oder sonstige mechanische Abbildung der Originalaufnahme mufs auf der Abbildung selbst oder auf dem Karton

a) den Namen beziehungsweise die Firma des Verfertigers der Aufnahme oder des Verlegers, und

b) den Wohnort des Verfertigers oder Verlegers,

c) das Kalenderjahr, in welchem die rechtmäfsige Abbildung zuerst erschienen ist,

enthalten, widrigenfalls ein Schutz gegen Nachbildung nicht stattfindet.»[71])

Ist dem genügt, so ist dem Besteller auf fünf Jahre vom Ablaufe des Jahres ab gerechnet, in welchem das Negativ der photographischen Aufnahme entstanden ist, der Schutz gegen Nachbildung des ihm gehörigen Abbildes entstanden.

Dr. Stolze in seinem gediegenen Aufsatze: «Zum Schutze der Photographie»[72]) hebt zutreffend hervor:

«Da das Recht des Verfertigers nur ein fünfjähriges ist, so ist auch das Recht des Bestellers kein längeres. Daraus folgt also, dafs nach dem Wortlaut des Gesetzes ein Portrait dann auch ohne Einwilliguug des Photographirten in den Kunsthandel gebracht werden kann. Es kann also, ohne dafs irgend ein Mittel dagegen geltend gemacht werden könnte, geschehen, dafs Bilder schöner Damen aus den anständigsten Kreisen nach fünf Jahren in Jahrmarktsbuden denen ausgehändigt werden, die ihre zukünftige Frau sehen wollen. Wie unangenehm das besonders bei Bildern in Balltoilette oder Maskenanzügen sein könnte, ist ohne Weiteres klar.»

«Bei Bildern, die unter Anregung des Photographen von Modellen angefertigt werden, welche entweder mit Geld oder einer Anzahl Freiexemplaren entschädigt worden sind, hat der Portraitirte keinerlei Anrecht auf die Aufnahme.»

Mit Nachdruck macht Dr. Stolze darauf aufmerksam, dafs dem Portraitirten als solchem, das ist dem Urbild, nach dem Reichsgesetz ein Schutz nicht zustehe, solcher vielmehr nur vom Besteller beansprucht werden kann. Es wird im Anschlufs an § 7 des Reichsgesetzes gesagt: «Daraus geht hervor, dafs nach der jetzigen Lage der Gesetzgebung die Vervielfältigung und Veröffentlichung eines Portraits überhaupt nur dann von der Einwilligung des Portraitirten abhängig ist, wenn er der Besteller desselben ist.»[73])

Schutzlos erscheint ferner das Urbild, wenn die Nachbilder von einem Abbilde entnommen sind, welches nicht mit den Schutzvermerken des § 5 des Reichsgesetzes versehen war,[74]) was bei Portraits, welche nicht von Erwerbsphotographen, sondern von Freunden der zur Liebhaberei gewordenen Beschäftigung gefertigt sind, stets der Fall zu sein pflegt. Erwägt man weiter, dafs die heimlich entnommenen Bilder des Bestellers entbehren, so wird man zu der Ueberzeugung gelangen müssen, dafs das Reichsgesetz in zahlreichen Fällen dem Urbild keinen Schutz gewährt. Dem Erwerbsphotographen gegenüber, der aus der Herstellung des Negativs und darauf entnommener Abbilder seinen steuerpflichtigen Broterwerb erarbeitet, hat das Reichsgesetz eine Abwehr zum Ausdruck gebracht. Aufserhalb dieses Gebietes, so wird gefolgert werden, ist das Urbild gegen Entnahme von Photographien, Vervielfältigung und Ausstellung derselben schutzlos. Sollte dem wirklich so sein? Was dem ehrlichen Fertiger des Bildes versagt ist, sollte dem zustehen, der das Abbild diebisch entnommen hat! Unmöglich! Das Persönlichkeitsrecht, das Recht am eigenen Bilde, verlangt und erlangt hier seinen Schutz, den auch der bisher Widerstrebende gewähren wird.

Wenn das Reichsgesetz die Schutzfrist auf fünf Jahre bemifst,[75]) so ist damit nicht ausgeschlossen, dafs dem Persönlichkeitsrecht der Schutz für längere Dauer zusteht. Ob etwa den Erben noch eine Nachfrist zu gewähren sein wird, bleibe anderer Erwägung vorbehalten.[76])

Wenn ich, wie bisher geschehen, jede Bildnifsentnahme ohne Zustimmung des Urbildes für eine widerrechtliche erkläre, so darf zunächst ein Fall nicht unerwähnt bleiben, in welchem das Urbild die Entnahme des Abbildes gewähren mufs.

Jedes Bildnifs und selbst die Unzahl der Photographieen von Personen werden gemacht, um diese darauf wiederzuerkennen. Die Polizei- und Strafrechtspflege hat erkannt, welche Dienste die Photographie dem Sicherheitsdienst zu leisten vermag. Zur Feststellung der Personenfrage, Ermittelung der Verbrecher werden Photographieen von Personen entnommen. Wo nun solche Bildentnahme im Dienste des öffentlichen Rechts nothwendig ist, mufs das Abbild gewährt werden. Es darf genügen, auf die Sammlung der Verbrecherbilder im Sicherheitsdienst zu verweisen. Soeben erschien ein Werk von Alphonse Bertillon, chef du service d'identification de la préfecture de police: «Die gerichtliche Photographie mit einem Anhange über die anthropometrische Klassifikation und Identifizirung», belehrend, wie, ohne Rücksicht auf Kunstschönheit, zweckmäfsige Bilder abgenommen und aus denselben die Person erkannt werden kann, wozu nicht ein offenes Auge genügt, sondern neben besonderer Anlage Erfahrungssätze und Uebung förderlich sind. Dafs eine Verweigerung der Bildentnahme mit Erfolg durchgeführt sei, habe ich nicht ermittelt; die Gewandtheit des Photographen ist hier dazu angethan, Hindernisse zu überwinden.

Wenn früher zur Bildnifsentnahme eine selbstschaffende Thätigkeit gehörte, bei der Auge, Verstand, Herz, Hand mit vereinten Kräften schufen und den Schöpfer des Werkes zum Künstler erhoben, so ist hier durch die Photographie ein Wandel eingetreten. In weiten Gebieten hat die maschinenkräftige, handwerksmäfsige Thätigkeit die Oberhand gewonnen, sogar wenig gebildete Köpfe ohne Unterscheidungsvermögen sind mit mechanischen Arbeitsleistungen befriedigt, und befriedigen im glatten Geschäftsgang und Betrieb. So hat sich neben Ausübung der Kunst durch den Maler die Arbeitsamkeit der mannigfach geeigenschafteten Photographen Beschäftigung und Anerkennung verschafft. Bei voller Werthschätzung der Photographie darf ich doch nicht damit zurückhalten, dafs die Bildnifsphotographie namentlich mit ihrer Retouchirung und Färbungsarbeit sich allzuweit vorgedrängt hat, selbst unter Berücksichtigung der Preisbewerthung. — Keineswegs ist der Photograph von der künstlerischen Möglichkeit ausgeschlossen.[78]) Im Bildfinden kennzeichnet sich der Künstler. Mit dem Bildfesseln, mit dem Entwickeln wird in ein anderes Gebiet übergetreten. Die Beobachtung der Beleuchtung, der Lichtkraft, die Kenntnifs der Entwickelungsbestandtheile und Kräfte im Negativ und Positiv, die in unerschöpflicher Mannigfaltigkeit dem Photographen entgegentretenden Schwierigkeiten werden hiermit nicht unterschätzt.

Gegenüber der Bildnifsphotographie tritt bei der landschaftlichen Bildfindung im weitesten Sinn, so dafs auch das Wasser, die Bauwerke und die Wolkenbildungen einbegriffen werden, die Künstlerkraft in den Vordergrund. Es sei für diese künstlerisch bildsuchenden Photographen die Welt freigegeben.[79]) Es ist die Frage, ob sie das Leben, welches in der Landschaft durch den darin befindlichen Menschen sich bewegt, auf ihre Platte nehmen dürfen, oder ob ihnen das schutzbedürftige Recht der Persönlichkeit dies versagt.

Sofern sich das aufgenommene Bild rücksichtlich der darin sichtbar und erkennbar gewordenen Personen als die Photographie einer Person, ein Personenbild, ein Portrait darstellt, was in das thatsächliche Gebiet fällt,[80]) hat der Photograph sich Zurückhaltung aufzuerlegen, mögen auch die Personen dem öffentlichen Leben angehören.

Es darf ein Beispiel angeführt werden. Ich entnehme dasselbe aus dem Prachtwerk «Potsdam. Ein deutscher Fürstensitz» (Berlin, Amsler & Ruthardt), in dem sich

Otto Rau durch die Bildfindung als Künstler erwiesen hat. Feinfühlend hat der Künstlerphotograph in dem Bilde «Am holländischen Garten» den einherschreitenden Herrn seiner die bestimmte Persönlichkeit führenden Gesichtszüge im Bilde entledigt. Es stehen also Hülfsmittel zu Gebot, welche vor einer Verletzung des Persönlichkeitsrechts schützen.

Aus demselben Werk sei von dem Bilde «Sanssouci» ein anderes Beispiel entnommen. Man sieht den darauf befindlichen Personenbildern an den Gesichtszügen an, dafs sie in der Erwartung, auf dem Bilde zur Erscheinung zu kommen, Stellung genommen haben und auf den geheimnifsvollen Kasten blicken. Hieraufhin wird man sagen dürfen: Wenn Personen, die Aufnahme eines Bildes voraussehend, in dessen Bereich hineintreten oder in demselben Stellung nehmen, ausdrücklich, wörtlich, stillschweigend, thatsächlich dem Fertiger des Bildes zu erkennen geben, dafs ihnen ihr späteres Erscheinen auf dem Bilde bekannt und bewufst ist, können sie später gegen die Herstellung des Bildes, weil sich darin ihr Abbild befindet, und dessen Verbreitung keinen Einspruch erheben.[81]) Wie mancher ist bemüht, eine ausdrucksvolle Stellung einzunehmen, weil er hofft, in dem aufgenommenen Bilde sich wieder zu finden und erkannt zu werden. Ein anders Gesinnter tritt rasch zur Seite, wenn er bemerkt, dafs ein Fachkünstler oder ein unbekannter thätiger Freund der Photographie seinen Kopf unter ein schwarzes Tuch steckt. Weil er keine Neigung hatte, im Bilde, das ihm vielleicht niemals vor Augen kommen würde, zu erscheinen, gewährte er freien Bildraum.

Somit ist dem Photographen ausreichende Möglichkeit für die Bildnifsaufnahme gewährt und das Persönlichkeitsrecht gesichert. Eine gegenseitige Achtung gewährt die Freiheit im Verkehr und für künstlerische Bildfindung.

Wird aber nicht etwa dadurch, dafs der Photograph sich die Belebung des mit künstlerischem Auge gefundenen Bildes durch Personenbilder versagen soll, die Entnahme photographischer Bilder allzusehr beschränkt?

Mir scheint nicht. Denn man drehe die Münze einmal um: Wird nicht etwa durch eine ins Freie gefallene Bildentnahme der Aufenthalt im Freien allzusehr beschränkt, weil derselbe nur noch zulässig sein würde unter der Gefahr der Aufnahme in eine Bildstaffage. Wer ein landschaftliches Bild aufnehmen will, der möge dies zu einer Zeit thun, wo er in fremde Persönlichkeitsrechte nicht eingreift, also mit Entsagung auf Staffage, oder unter Genehmigung der Personen, oder in solcher Weise, dafs erkennbare Personen nicht in die Erscheinung treten, sondern lediglich die Belebung des Bildes durch lebende Wesen, Menschen und Thiere, zum Ausdruck und Eindruck gelangt.

Bei einer grofsen Anzahl von Augenblicksbildern wogt auf Strafsen und Plätzen die Menge vorüber; nicht die einzelne Person kommt bei dem Beschauer zur Wahrnehmung, zur Erkennung, sondern nur das Gewoge, das Getreibe. Von einem Abbild eines bestimmten Menschen ist hier keine Rede; es kann also in der Bildnifsaufnahme, bei der die Kenntlichmachung bestimmter Personen nicht beabsichtigt, vielleicht nicht einmal augenscheinlich ist, eine Verletzung eines Persönlichkeitsrechts nicht gefunden werden. Wenn man in dieser Weise die in das Bild genommenen Menschen als Staffage bezeichnet, so kann dem zugestimmt werden, dafs in Bildern, wo die Menschengestalten nur als Staffage dienen, die Bildaufnahme unbehindert bleiben dürfe. Tritt eine Menschengestalt in das Abbild einer bestimmten Person über, dann beginnt der Anspruch auf Achtung des Persönlichkeitsrechts. Das Gesammtbild bleibt erhalten, wenn der einzelnen Gestalt vorsichtig das, die bestimmte Person Kennzeichnende entnommen wurde, wie oben bei dem Bilde: «Am holländischen Garten» S. 44 angegeben ist. Zudringlichkeit, Zügellosigkeit, Unverschämtheit, Frechheit, ja Sittenlosigkeit, welche etwa zu einem Mifsbrauch der Photographie rechtsverletzend führen, sind mit aller Schärfe zurückzuweisen. Wo auf solchem Abwege Bilder geraubt sind, wird der Bildräuber auch nach heutigem Strafrecht bereits der verdienten Strafe verfallen; die mifsbrauchten Werkzeuge werden eingezogen werden dürfen.[82]) Wo die staatliche Hülfe nicht rechtzeitig zur Hand ist oder überhaupt versagt, ist die Selbsthülfe zuständig.[83])

Bisher war an Bildaufnahmen gedacht, welche ohne zeitliche Beschränkung beim Mifslingen erneut auf eine Platte genommen werden können, bei denen die Sachen den Gegenstand bilden, und die Menschen nur als belebende Gestalten in Betracht kommen. In der Staffage ist die Anwesenheit von Menschen eine zufällige und die Personenbestimmtheit abgelehnt. Diesen Bildern stehen die Ereignifsbilder gegenüber, bei denen die Oertlichkeit zwar auch bedeutsam sein kann, bei denen aber wesentlich die Personen den Gegenstand der Bildnifsaufnahme ausmachen. Mit der Kennzeichnung als Ereignifs oder Begebnifs sollen sich wiederholende Begebnisse ausgeschieden werden, mögen auch Menschen Veranlassung und Gegenstand der

Bildnifsaufnahme sein. Hierher gehört ein Gedränge am Schalter, auf dem Markte, das Gewoge in den Strafsen u. s. w. Ist das Ereignifs ein öffentliches, so wird bei der grofsen Zahl der Fach- und Liebhaberphotographen jeder Theilnehmer sich zu vergegenwärtigen haben, dafs die Photographie benutzt werden wird, um das Ereignifs im Bilde zu fesseln. Mit der erforderten Oeffentlichkeit sind Schaustellungen gegen eine Zahlung für den Schauberechtigten ausgeschlossen. Schauspieler, Tänzer, Kunstreiter, mögen dieselben auch «im Zusammenhang einer ganzen Gruppe von Rollen spielen und die Darstellung damit das speziell Persönliche verlieren»,[84]) diese Urbilder sind für die Photographie nicht ins Freie gefallen.

Wer bei einem öffentlichen Ereignifs wufste oder doch wissen konnte,[85]) dafs er bei der bildlichen Sicherung des Ereignisses im Wege der Photographie im Bilde sein werde, von dem darf angenommen werden, dafs er mit seiner Einbildung, der Aufnahme seines Personenbildes in das Bild des Ereignisses, einverstanden sei. Es wird ihm deshalb kein Einspruch gegen die Verbreitung des entstandenen Ereignifsbildes, weil seine Person darin mitwirkend ist, zustehen.

Ein Bedenken kann hiergegen erhoben werden. Das Bild des Einzelnen kann unschön oder gar anstandsverletzend sein. Dafs dem Urbild hier ein Einspruch, welcher die Verbreitung des Gesammtbildes hindern mufs, zusteht, kann nicht zweifelhaft sein nach der hier vertretenen Ansicht über die Bedeutung des Persönlichkeitsrechts. Der vorsichtige und erfahrene Photograph wird für solche Möglichkeit in kurzer Zeitfolge mehrere Bilder aufnehmen. Auch bietet sich bis zu einer gewissen Grenze das Auskunfsmittel, dem unschön gerathenen Abbild die Erkennbarkeit nach seinem Urbild zu entziehen. Es stehen also auch für solche Fälle Sicherungs- und Rettungsmittel zu Gebot.

Es darf aus der Oeffentlichkeit noch ein Schritt in das Grenzgebiet derjenigen Vorfälle gethan werden, welche nicht nur wegen Raumbeschränkung von dem Begriff der Oeffentlichkeit ausgeschlossen sind, bei denen vielmehr die Schaubewilligung von der Gewährung eines das Ereignifs beherrschenden Willens abhängt. Ragt solches Ereignifs aus dem Kreise der Privatverhältnisse in das Gebiet der Theilnahme der Allgemeinheit hinein, so wird der Wunsch ein berechtigter sein, dafs ein solches Ereignis, welches mit entschwundener Zeit auch der sinnlichen Wahrnehmbarkeit entschwunden ist, durch photographische Fesselung erhalten bleibe und auch denen zur Veranschaulichung gebracht werde, welche zum Zuschauen nicht verstattet wurden oder gelangen konnten. Wer in einem solchen Ereignifs mitwirkt, gleichviel in welchem Umfange, der wird sich bewufst sein, dafs wahrscheinlich eine Verewigung des Ereignisses durch photographische Bildaufnahme in Aussicht genommen sein wird. Dieser Wahrscheinlichkeit hat er Rechnung zu tragen.

Für die Gestattung der Bildaufnahme wird der Wille desjenigen zuständig sein dürfen, von dessen herrschendem Willen die Möglichkeit und Gestaltung des Ereignisses abhing. Ist die Bildaufnahme von zuständiger Stelle bewilligt, so kann kein Einzelner, welcher sich im Bilde findet, dessen Verbreitung widersprechen. Es wird sich dies herleiten lassen aus der nothwendigen Unterordnung unter den fremden herrschenden Willen, der in seiner möglichen Mannigfaltigkeit hiermit ausreichend gekennzeichnet sein wird.

Das Persönlichkeitsrecht am eigenen Namen ist durch die Rechtsprechung in weitem Vorsprung und wird durch das erwartete bürgerliche Gesetzbuch in seinem oben mitgetheilten § 12 gesichert werden. Das Persönlichkeitsrecht am eigenen Bilde ist noch im Werden. Ich sehe von dem Versuch ab, den Entwurf zu einem Gesetzeswort zu fassen.[86]) Eine umsichtige, Wandel und Aufschwung der Verhältnisse erkennende und den damit neu entstehenden Anforderungen Rechnung tragende Rechtsprechung, wie sie sich in den Urtheilen des Reichsgerichts betreffend den Aushang von Nachbildern der Photographie[87]), und die Herstellung durchlochter Tafeln, welche dazu bestimmt sind, mittelst Auflegens auf einen Tonkörper ein Musikstück zu Gehör zu bringen,[88]) erwiesen hat, wird die einzelnen Streitfälle zur befriedigenden Entscheidung führen. Allmählich wird dann für die Gesetzgebung die Zeit der Reife herankommen.

Ich war bemüht, nach Zeit und Umständen nach Kräften zu fördern.

Wenn Einer thät den Faden spinnen,
Ein Spätrer macht daraus das Linnen.

Anmerkungen.

1. In der Erwartung, dafs das bürgerliche Gesetzbuch, welches jetzt dem Reichstage zur Berathung vorliegt, bald geltendes Recht werde und in der Gewifsheit, dafs dasjenige, was in dem Entwurf steht, bereits anzuerkennendes Recht ist, will ich hier den Entwurf als Stütze meiner Ansichten anführen und zwar den Entwurf 2. Lesung als Entw. II, den Entwurf, wie er vom Bundesrath dem Reichstag vorgelegt ist, als B.G.B. — Also Entw. II §§ 230. 569. 570, 583; B.G.B. §§ 267. 621. 622. 637.

2. Ausgabe mit erläuternden Anmerkungen von G. Scheele, Staatsanwalt in Dresden, 1892, Leipzig, C. L. Hirschfeld; Dr. Philipp Allfeld, 1893, München, C. H. Beck; Handausgabe von Dr. J. Olshausen, 1894, Berlin, Franz Vahlen. Sämmtlich auch die in Anmerkg. 14. 15 benannten Gesetze enthaltend.

3. Daude, Lehrbuch des deutschen Urheberrechts, 1888, Stuttgart, Ferdinand Enke, S. 12.

4. Entw. II, § 895, Motive Bd. III S. 360; B.G.B. § 934; B.G.B. f. d. Königr. Sachsen § 246. «Wenn jemand aus einer oder aus mehreren Sachen, mögen sie sämmtlich fremde oder zum Theil eigene sein, durch Umarbeitung oder Umbildung für sich eine neue Sache schafft, so erwirbt er das Eigenthum der letzteren. Er ist jedoch dem Eigenthümer des fremden Stoffes, wenn er im redlichen Glauben handelte, Ersatz, soweit er bereichert ist, wenn er in unredlichem Glauben handelte, vollen Ersatz zu leisten verbunden.»

5. Betr. das Urheberrecht an den Werken der bildenden Künste am 9. Januar 1876 § 8 Abs. 1; G. betr. den Schutz der

Photographien gegen unbefugte Nachbildung vom 10. Januar 1876, § 7. Kaiser, Zwangsvollstreckung in das Urheberrecht in der Zeitschr. f. deutsch. Civilprozefs, Bd. XXI, S. 242. 243.

6. O. Bähr, Gesammelte Aufsätze Bd. I S. 330. «Hat der Eigenthümer einen Anspruch auf Schutz gegen Vervielfältigung einer ihm gehörigen Schrift oder Kunstwerkes?» Dambach, 50 Gutachten (1891) S. XXVII. Hier unten Anmerkg. 58.

7. Entw. I § 567 ff.; Entw. II § 509 ff.; B.G.B. § 621 ff.

8. Reichs-Civ.-Proz.-Ordnung § 708 Abs. 2: «Die Pfändung hat zu unterbleiben, wenn sich von der Verwerthung der zu pfändenden Gegenstände ein Ueberschufs über die Kosten der Zwangsvollstreckung nicht erwarten läfst.»

9. R.C.P.O. § 690.

10. Sollte nicht auch das gemeine Recht und das allg. Preufs. Civ.-Recht die Mittel zum Schutz gegen unlauteren Wettbewerb geboten haben?

Valleton, La concurrence déloyale et la concurrence illicite — Lausanne 1895 — bemerkt S. 55, dafs trotz der Strenge des Firmenschutzes nach dem deutschen Reichsgesetze beim Mangel eines Gesetzes über den Firmenschutz dem Kaufmann nicht diejenige Sicherheit geboten werde, wie das durch die französische Rechtsprechung geschehe. In der Anmerkung heifst es dann: «Pourquoi cela? Encore une fois, parceque les juges français frappent la concurrence déloyale, et ne se bornent pas, comme les tribunaux allemands, à se croiser les bras, en s'écriant: En dehors d'une loi spéciale point de protection.» Kohler, Alexander Katz etc., l'unanimité des auteurs allemands, déplorent cet état de choses. Pour bien rendre compte de l'opposition entre les points de vue français et allemand, il est intéressant de voir d'un côté les tribunaux parler de la grande valeur du nom, de la propriété de la raison; de l'autre, le Tribunal d'Empire. — Entsch. des Reichsgerichts in Civilsachen, VI. Civ.-Senat vom 24. Januar 1895, Bd. XXXV S. 169 und eine Mehrzahl älterer Urtheile. Dazu Gierke, «Der Rechtsgrund des Schutzes gegen unlauteren Wettbewerb», Zeitschr. f. gewerblichen Rechtsschutz, Jahrg. III No. 7, S. 112 und Geller's, Oesterr. Centralblatt Bd. XIII S. 558 ff. — Edwin Katz,

Gesetz zum Schutz der Waarenbezeichnungen und unlautern Wettbewerbs, Berlin 1894, S. 30. 31. Siehe auch Anmerkg. 52.

11. Entsch. des Preufs. Ober-Tribunals Bd. XXXIII S. 328, auch Striethorst, Archiv Bd. XXII S. 56, Rehbein, Die Entscheidungen des vormaligen Preufsischen Ober-Tribunals Bd. II S. 367. — Bei den mündlichen Vorträgen erinnerte ich hier an Goethe's Spruch:

«Was in der Zeiten Bildersaal
Jemals ist trefflich gewesen,
Das wird immer einer einmal
Wieder auffinden und lesen.»

12. l. 24 d. de adquirendo rerum dominio 41, 1. In omnibus, quae ad eandem speciem reverti non possunt, dicendum est, si materia manente specie dumtaxat forte mutata sit, veluti si meo aere statuam aut argento scyphum fecisses, me eorum dominum manere.

l. 25. Nisi voluntate donini alterius nomine id factum sit, propter consensum enim domini totares ejus fit, cuius nomine facta est. Vgl. l. 22 § 2 D. locati 19,2, das Urtheil des IV. Strafsenats 8. März 1887. Entsch. des Reichsgerichts in Strafsachen Bd. XV, S. 406.

13. Vgl. die Gesetzesstellen in Anmerkg. 1.

14. Patentgesetz vom 25. Mai 1877 — 7. April 1891.

15. Gesetz, betr. den Schutz von Gebrauchsmustern vom 1. Juni 1891.

16. B.G.B. § 637.

17. Allg. Preufs. Civilrecht Thl. I, Tit. 2, § 975. Dazu Förster-Eccius, Preufs. Privatrecht, 5. Aufl. Bd. II, S. 279, der allerdings gegen den Eigenthumserwerb zurückhaltend ist. § 138, Anmerkg. 41.

18. Nachdem Kaiser in seiner in Anmerkg. 5 bezeichneten Abhandlung S. 242 davon ausgeht, dafs bei Portraits und Portraitbüsten das Recht der Nachbildung auf den Besteller übergehe, wird gesagt: «Das zwischen dem Besteller und dem Künstler bestehende Rechtsverhältnifs wird sich regelmäfsig als Kauf darstellen.» Dem dürfte nicht zuzustimmen sein; es ist auf die Motive zu dem Entwurf eines bürgerlichen Gesetzbuchs 1. Les. zu § 568 Bd. II S. 475 zu verweisen.

19. Oben S. 2.

20. Oben S. 2; Kaiser in der in Anmerkg. 5 bezeichneten Abhandlung S. 243.

21. Ueber die Bezeichnung «bildende Künste» sei verglichen Daude, «Lehrbuch des deutschen literarischen, künstlerischen und gewerblichen Urheberrechts», Stuttgart, Ferdinand Enke, 1888, § 23 S. 104; Scheele, «Das deutsche Urheberrecht an literarischen, künstlerischen und photographischen Werken», Leipzig, C. L. Hirschfeld, 1892, S. 167, woselbst auch über die Motive zum Reichskunstwerksgesetz vom 9. Januar 1871, § 1, berichtet ist. Betreffend die Abgrenzung zwischen Werken der Kunst und ausgestalteten Gebrauchsgegenständen ist namentlich auf Dambach, Urheberrecht (1871) S. 211 und Mandry, Urheberrecht (1876) S. 218 zu verweisen.

22. Ich glaube wohl, dafs der Eigenthumserwerb seitens des Urbild-Bestellers zunächst nicht ohne Bedenken erscheinen wird, zumal das B.G.B. in § 914 für die Eigenthumsentschlagung — dieses Wort möge constitutum possessorium verdeutschen § 856 — die Vereinbarung eines Rechtsverhältnisses erfordert, vermöge dessen der Erwerber den mittelbaren Besitz erlangt. Nach meiner Auffassung hätte es ohne Gefahr bei dem «abstrakten constitutum possessorium» verbleiben können. Die Vereinbarung des Vertrages wird hülfreich dahin sein, dafs ohne ausdrückliche Verabredung, B.G.B. § 153, der Künstler für den Besteller behufs Vollendung des Bildes zum Besitz berechtigt ist. Damit ist dann der Anforderung des § 914 genügt. — *Τὸ ψυχῇ δεσπόζοντος κατέχειν* möge hier hülfreich sein. Stintzing, Der Besitz, S. 120, München 1889, Theodor Ackermann, Mit Vergnügen habe ich gelesen: Traditio ficta von Dr. Johannes Biermann, Stuttgart 1891, Ferdinand Enke. Ich gedenke hierbei des jus arcendi Bekker's: «Zur Reform des Besitzrechts», Jahrbücher für Dogmatik, Bd. XXX S. 260.

23. Vgl. unten S. 28.

24. Entsch. d. Reichsgerichts in Strafsachen Bd. II S. 246ff. Besondere Beilage zum deutschen Reichsanzeiger vom 20. Oktober 1880. Entsch. des Reichsgerichts 1880, No. 12 S. 5.

25. Jahrbücher für Dogmatik des heutigen römischen und deutschen Privatrechts Bd. XXIII S. 318.

25a. Unten Anmerkg. 31.

26. Archiv für bürgerliches Recht Bd. V S. 77ff.

27. Reichsstrafgesetzbuch § 41.

28. B.G.B. §§ 247. 831; Seng: «Zur Frage der Vergütung nicht ökonomischen Schadens aus Delikten». Archiv für bürgerliches Recht Bd. V S. 336ff.; Kohler: «Die Ideale im Recht», ebendas. S. 259; unten Anmerkg. 50.

29. Archiv für bürgerliches Recht Bd. V, S. 88.

30. Die Ueberschrift lautet a. a. O.: «la personne qu'un peintre fait figurer dans un tableau est en droit de reclamer, alors même qu'on a emprunté ses traits sans aucune intention malveillante, par cela seul que son autorisation n'a pas été obtenue.»

30a. Oben S. 8.

31. Oben S. 11 ist v. Jhering's Wort mitgetheilt, wonach der Photograph das körperliche Eigenthum an der Platte habe. Wenn ich dem entgegenzutreten wage, so darf ich bemerken, dafs doch zwischen dem Empfänger des Briefes, dem vom Briefschreiber das Papier ausgeliefert ward, und dem Photographirten, der sich einer solchen Uebergabehandlung nicht rühmen kann, ein grofser Unterschied erkennbar ist. Durch Beispiele und Gleichnisse einen Beweis zu führen, ist an sich misslich, was v. Jhering witzig und scharfsinnig selbst darzuthun die Gelegenheit nicht unbenutzt gelassen haben würde. Es kann mir genügen, dafs v. Jhering thatsächlich den Besteller des Photographen als Eigenthümer der Platte schliefslich anzuerkennen nicht umhin kann. Ich nehme auf die in Anmerkg. 12 bezeichneten Pandektenstellen bezug. — Dafs auch anderweit sich gedruckt findet, die Bildnifsplatte sei Eigenthum des Photographen, erscheint mir gleichgültig.

32. Oben Anmerkg. 4.

33. B.G.B. §§ 153, 236. Vgl. Scheele, Urheberrecht S. 219.

34. B.G.B. §§ 621, 622.

35. Ein Gleichnifs dürfte § 32 der Rechtsanwaltsordnung vom 1. Juli 1878 bieten. Die Handakten sind von ihrer Entstehung ab

Eigenthum des Auftraggebers. «Der Rechtsanwalt ist nicht verpflichtet, vor Empfang seiner Auslagen und Gebühren die Handakten dem Auftraggeber herauszugeben. Die Pflicht zur Aufbewahrung der Handakten erlischt mit Ablauf von fünf Jahren nach Beendigung des Auftrages und schon vor Beendigung dieses Zeitraums, wenn der Auftraggeber, zur Empfangnahme der Handakten aufgefordert, sie nicht binnen sechs Monaten nach erhaltener Aufforderung in Empfang genommen hat.»

36. Die Firma anlangend sei auf die grundlegenden Bemerkungen meines hochverehrten Freundes Geh. Justizrath Professor Dr. Goldschmidt in seinem Meisterwerke: «Handbuch des Handelsrechts», 3. Aufl. Bd. I S. 243 verwiesen. Ist doch in der einen Anmerkung von 35 Zeilen die Geschichte aufgerollt. — Wer unersetzlich ist, bleibt unvergessen.

37. Archiv für bürgerliches Recht Bd. V S. 77 ff.

38. Jahrbücher für Dogmatik des heutigen römischen und deutschen Privatrechts Bd. XXXIII S. 320 ff.

39. Entsch. des Reichsgerichts in Civilsachen Bd. II S. 147, V S. 171, XVIII S. 19, XXIX S. 123.

39a. Siehe Anmerkg. 36.

40. v. Jhering in seinem Aufsatz: «Rechtsschutz gegen injuriose Rechtsverletzungen» (Jahrbücher für Dogmatik des heutigen römischen und deutschen Privatrechts Bd. XXIII S. 320 ff.) macht auf die Zustände bei Familiennamen, wie Meier, Schmidt aufmerksam. Träger solcher Namen suchen sich zu individualisiren, z. B. der zu früh verstorbene Maler Müller in Warthmüller, Schultze in Schultzenstein oder in von Schultze-Graevenitz. Am Schlufs heifst es: «Ist der Fall dagegen so beschaffen, dafs der Beklagte sich der Nichtzuständigkeit des Rechts bewufst sein mufs, so liegt darin eine injuriose Rechtsverletzung, und der Richter müfste bei der unter dieser Voraussetzung Platz greifenden actio injuriarum nicht blofs auf einfache Aberkennung und Verbot der ferneren Fortführung des Namens, sondern auf Verlangen des Klägers auch auf Strafe (Satisfaktionssumme) erkennen.» Vgl. ferner unten Anmerkg. 43. 50.

41. Einschaltung der zweiten Lesung.

42. Dazu Begründung in Gruchot, Beiträge Bd. XXXV S. 863. Denkschrift zum Entwurf eines bürgerlichen Gesetzbuches. (Berlin 1896, J. Guttentag.) S. 9.

43. Zurückhaltend B.G.B. § 247. Dazu v. Jhering in der Anmerkg. 26 bezeichneten Abhandlung, ferner Seng, «Vergütung nichtökonomischen Schadens aus Delikten» im Archiv für bayrisches Recht Bd. V S. 35 ff. Vornehmlich Kohler, «Die Ideale im Recht», ebendas. S. 256 ff. 263. Vergl. Anmerkg. 40. 50.

44. Einen erfreuenden Beispielsbeweis bringt v. Jhering bei in seiner Anmerkg. 25 bezeichneten Abhandlung S. 322.

45. Unten S. 42.

46. Oben S. 5.

47. Gierke, «Deutsches Privatrecht» I S. 705. Kohler, «Das Individualrecht als Namenrecht», Archiv für bürgerliches Recht Bd. V S. 77 ff.

48. Kohler, Autorrecht; Gierke, Deutsches Privatrecht § 85 Anmerkg. 53.

49. Gareis, Encyklopädie S. 79. Kohler, Archiv f. bürgerl. Recht Bd. V S. 88 ff. v. Liszt, Lehrbuch des deutschen Strafrechts 6. u. 7. Aufl. § 79. v. Calker, Die Delikte gegen das Urheberrecht S. 83 ff. Osterrieth, Altes und Neues zur Lehre vom Urheberrecht S. 66.

50. Wie sich die Persönlichkeitsrechte allmählich emporgebildet haben, dafür ist anzuführen: Dambach, 50 Gutachten über Nachdruck und Nachbildung 1874—1891. Berlin 1891, Puttkammer & Mühlbrecht. Einleitg. S. XXII, Anmerkg. Kohler, «Ideale im Recht», Archiv f. bürgerl. Recht Bd. V S. 263 bemerkt zu einem englischen Rechtsfall, «wo Jemand zu 500 £ verurtheilt wurde, weil er Jemandem seinen Hut abstiefs, dies ist der richtige Schutz der Persönlichkeit».

51. Gierke, «Deutsches Privatrecht» Bd. I S. 704. Derselbe in seinem vortrefflichen Vortrage: «Das Rechtsgut des Schutzes gegen unlauteren Wettbewerb», Zeitschrift für gewerblichen Rechtsschutz Jahrg. III No. 7 u. 8 S. 115 und in Geller's Oesterreichischem Centralblatt Bd. XIII S. 588 ff.

52. Gierke, «Deutsches Privatrecht» Bd. I S. 704; derselbe in dem in Anmerkg. 51 bezeichneten Vortrage S. 115; v. Jhering, Rechtsschutz gegen injuriose Rechtsverletzungen, Jahrb. f. Dogmatik Bd. XXIII S. 154 ff. Solcher Schutz wurde auch gegen den unlauteren Wettbewerb verlangt. Ob derselbe auch eine Verletzung des Persönlichkeitsrechts enthält, bleibe dahingestellt. W. Reuling, Der unlautere Wettbewerb nach dem zweiten «Entwurf eines Gesetzes zur Bekämpfung des unlauteren Wettbewerbs» und über den Rechtsschutz von Fabrikations- und Geschäftsgeheimnissen. 1895. Berlin, R. Gaertner. Dazu Rausnitz in der Zeitschrift f. d. gesammte Handelsrecht von Goldschmidt u. A. Bd. XLIV S. 568 ff.

53. Siehe Anmerkg. 1.

54. Es ist Nachdruck, gleichviel ob der Vortrag nachgeschrieben und daraufhin zum Druck gefördert wird, oder ob die Niederschrift später aus treuem Gedächtnifs erfolgt. Das Gleiche gilt von musikalischen Kompositionen. Es sei daran erinnert, dafs Mozart das Miserere von Allegri aus dem Gedächtnifs niederschrieb. Oulibicheff, der hierüber berichtet — Mozart's Leben, deutsch von A. Schraishnon, Bd. I S. 56 —, sagt: «Die Nachricht von dem wunderbaren Diebstahle verbreitete sich in Rom . . .». Reichsgesetz, betreffend das Urheberrecht an Schriftwerken u. s. w. vom 11. Juni 1870 §§ 5. 46.

55. Reichsgesetz vom 9. Januar 1876 § 8.

56. Reichsgesetz vom 10. Juni 1876 § 7.

57. § 4 bezw. § 8 der in Anmerkg. 55. 56 benannten Gesetze; Wächter's Urheberrecht (Stuttgart 1877) S. 57. 77. 185; Daude, Lehrbuch des Urheberrechts, S. 120. Vornehmlich Kohler, Das literarische und artistische Kunstwerk und sein Autorschutz, Mannheim 1892, J. Bensheimer, S. 70 ff. Das Urtheil des Reichsgerichts II. Strafsenat vom 24. Juni 1892 (Entsch. des Reichsgerichts in Strafsachen Bd. XXIII S. 124 ff.), betr. ein auf Befehl Ihrer Majestät der Kaiserin nach der Natur aufgenommenes photographisches Bild der kaiserlichen Familie.

58. In den in Anmerkg. 50 benannten 50 Gutachten sind in der Einleitung S. XXVII ff. die bei Abgabe der Gutachten leitenden Grundsätze von Dambach zusammengestellt. Unter No. 2 heifst es: Das Urheberrecht besteht darin, dafs niemand befugt ist, die Form, in welche der Urheber seinen Stoff gebracht hat, mechanisch zu reproduziren. «Der Urheber hat» — wie Heydemann sagt — «seinen Gedanken die ihm eigene Form gegeben, sei es im lebendigen Wort, sei es im gemeifselten Marmor oder im geschmolzenen Metall oder auf der bemalten Leinwand. Die Formation ist es also ganz eigentlich, die er unbedingt sein Eigen nennen kann. Hierauf beruht das Recht des Urhebers.» — Wo der Urheber bei der Bildnifsphotographie steckt, hatte Heydemann noch keine Gelegenheit und Anregung zu bedenken. — Zu vergleichen Scheele, Das deutsche Urheberrecht, Dresden 1892, C. L. Hirschfeld, S. 167 ff. 174. 178 ff.

59. Vielleicht hatte es mit dem sog. Pelzchen noch eine besondere Bewandtnifs.

60. Entsch. des Reichsgerichts in Strafsachen Bd. XIV S. 53. Scheele, Das deutsche Urheberrecht, S. 223.

60 a. Dambach, Gutachten des Kgl. preufs. lit. Sachverständigen-Vereins über Nachdruck und Nachbildung aus dem Jahre 1864—1873, Leipzig 1874, Verlag des Börsenvereins; die in Anmerkung 50 bezeichneten 50 Gutachten, Einleitung. Bekanntmachung des Reichskanzlers vom 29. Februar 1876. Reichscentralblatt 1876 S. 117 vom 14. Juli 1879 a. a. O. 1879 S. 490. Grünewald, Die Gesetzgebung auf photographischem Gebiete in Zeitschrift Apollo, Jahrg. 1896 No. 18 S. 83 ff.

61. Reichsstrafgesetzbuch §§ 186, 41.

62. Ich will nicht unterlassen, meine Ansicht dahin anzudeuten, dafs die Mittel, welche zum Schutz zu Gebote stehen, die Unzulänglichkeit, wie dieselben verwerthet werden, die Ausartung im verwerflichen, aber nicht verworfenen Zweikampf — zur Zeit die Abwehr gegen Ehrverletzung in einen bedenklichen Zwiespalt gebracht haben. Es öffnet sich mir bei der obwaltenden Verwirrung, der oft erkennbar mangelnden Unterscheidungsfähigkeit zwischen Schimpfworten, ehrverletzenden Angriffen, formverfehlten Beurtheilungen keine Aussicht auf Besserung.

63. Friedrich Wilhelm Ernst Dohm, geb. zu Breslau am 24. Juni 1819; Ernst Wilhelm Gotthilf Scholz, geb. zu Berlin am 23. Januar 1824. — Auch ich bewahre beiden Freunden, hochbegabten, sonst sehr verschiedenen, aber in Harmlosigkeit und Herzlichkeit sich gleichenden Männern ein treues Andenken.

64. Urtheil der 2. Strafkammer des Landgerichts I Berlin vom 24. Juni 1880. Die von beiden Angeklagten eingelegte Revision wurde vom Reichsgericht 2. Strafsenat durch Urtheil vom 22. Oktober 1880 verworfen. Zur Anwendung kamen Strafgesetzbuch §§ 194, 185, 47, Prefsgesetz vom 7. Mai 1874 § 20.

65. Ich darf hier das Gedicht mittheilen. Dasselbe hat den jetzigen Chef-Redakteur des Kladderadatsch, Johannes Trojan, dessen Freundschaft mir werth ist, zum Dichter.

Delatori.

«Zweihundert Mark ein Jeder! Könnt ihr's nicht,
So mufs ein Jeder zwanzig Tage brummen!» —
So sprach, verdammend uns, das Landgericht,
Uns auferlegend die genannten Summen.
Zweihundert Mark! Und schweigend nahmen wir
Den Spruch entgegen, ernst, doch ohne Klagen;
Nun aber ist uns wohl erlaubt zu sagen:
Nein, Otto, nein, das war nicht hübsch von dir!

Wer hat aufs Haupt dir manchen Kranz gedrückt?
Wer manches Lied gesungen dir zur Ehre?
Wer mit der Haare Dreizahl dich geschmückt?
Der ist's, nach dem du warfest mit dem Speere!
Zwei Speere warfest du voll Zornbegier;
Der eine sauste in den Sand, der zweite
Traf ihn, der tausendmal dich konterfeite —
Nein, Otto, nein, das war nicht hübsch von dir!

Ich werd' es tragen, wie ich Manches trug.
Und auch von diesem Schmerz werd' ich genesen;
Doch wollt' ich wohl, die mir die Wunde schlug,
Wär' eines andern Mannes Hand gewesen.
Indefs — vielleicht schon reut dich, dafs du mir
So hart begegnet bist in deinem Grimme;
Vielleicht ruft in dir selbst schon eine Stimme:
Nein, Otto, nein, das war nicht hübsch von dir!

Doch nun genug davon! Ich bin zum Glück
Gutmüthig, leichten Sinns, und kann vergessen.

Du kamst soeben aus Varzin zurück,
Wo lange du, ein Eremit, gesessen.
Wen sucht dein Blick? Wohlan, hier stehen wir!
Was kann das Hadern, kann das Grollen frommen?
Grofsmüthig rufen wir dir ein Willkommen:
Doch unter uns: Hübsch war es nicht von dir.

66. Dambach, Urheberrecht. Berlin 1871, Fr. Enslin. S. 95. Daude, Lehrbuch des deutschen litterarischen, künstlerischen und gewerblichen Urheberrechts. Stuttgart, Ferd. Enke. S. 50ff. Allfeld, Die Reichsgesetze, betr. das literarische und artistische Urheberrecht. München 1893, C. H. Bur. S. 112ff. Scheele, Das deutsche Urheberrecht. Leipzig 1892, C. L. Hirschfeld. S. 56.

67. Kohler, «Die Ideale im Recht», Archiv für bürgerliches Recht Bd. V S. 161.

68. Dazu Gierke in seinem in Anmerkg. 51 angeführten Vortrag.

69. Oben S. 9.

70. Oben S. 17.

71. Die Kennzeichnung auf dem Karton wird gemeinhin auf die Vorderseite unter das Bild gesetzt, was für den Geschäftsbetrieb des Photographen ganz zweckmäfsig sein mag, aber dem Bilde der Person keineswegs zur Zierde gereicht. Die Rückseite des Kartons bietet genügenden Platz. Uebrigens können die photographirten Personen, wenn sie sich vor Nachbildung zu schützen keinen Grund haben, auf die Kennzeichnung nach § 5 verzichten und dem Photographen erklären, dafs er seine Geschäftskarten auf anderem Wege verbreiten möge und deshalb auf dem Bilde fortzulassen habe.

72. Photographische Nachrichten von Dr. F. Stolze, III. Jahrgang 1891, S. 404—406. 419—423. 436—442. 449—454. 513—519. Dazu «Der Schutz des Urheberrechts an Photographieen» von Ludwig Schramm, Halle a. S. 1893, Wilhelm Knapp, S. 437.

73. In der in Anmerkg. 72 angeführten Abhandlung S. 451.

74. Entsch. des Reichsgerichts II. Straf-Senat vom 25. April 1890, Bd. XX S. 377.

75. Bähr in seiner in Anmerkg. 6 angeführten Abhandlung sagt S. 332: «Gesetzt, es besitzt jemand ein Bild von einem alten berühmten Meister. Er giebt das Bild auf eine Ausstellung. Dort wird hinter seinem Rücken eine Photographie davon genommen und bald darauf sieht er Nachbildungen des Gemäldes in allen Läden hängen. Mufs sich der Eigenthümer das gefallen lassen? Ist es eine Gerechtigkeit, wenn das Gesetz ihm dagegen keinen Schutz verleiht? In einer Anmerkung hierzu heifst es: «Nur einen schwachen Anlauf zum Schutze des Eigenthümers hat das Reichsgesetz vom 9. Januar 1876 genommen, indem es in § 8 Absatz 2 bestimmt· «Der Eigenthümer eines Kunstwerks ist nicht verpflichtet, dasselbe zum Zweck der Veranstaltungen von Nachbildungen an den Urheber oder dessen Rechtsnachfolger herauszugeben.» Aufserdem ist (ebendaselbst Absatz 1) bestimmt, dafs «bei Portraits und Portraitbüsten das Urheberrecht auf den Besteller übergehe». Die nämliche Bestimmung findet sich auch in § 7 des Gesetzes vom 10. Januar 1876 zu Gunsten des Bestellers eines photographischen Bildnisses. Dabei ist aber eine böse Lücke entstanden. Der Photograph selbst geniefst einen Schutz nur fünf Jahre lang; folgeweise auch der Besteller eines Bildnisses keinen längeren. Nach fünf Jahren kann also z. B. jede Photographie, die eine Dame von sich hat machen lassen, beliebig vervielfältigt und verbreitet werden.» Bähr erhebt die gleiche Klage wie Stolze und fand keine Hülfe. — Stolze sagt in seiner mehrfach erwähnten Abhandlung S. 438· «Nun weifs jeder praktische Photograph, dafs das Publikum, besonders aber, dafs Damen es nicht wünschen, dafs das Jahr der Aufnahme auf dem Bilde vermerkt ist. Eine natürliche Eitelkeit läfst es ihnen unangenehm erscheinen, dafs ein jeder ihnen, wenn er ein Bild aus dem Album zieht, nachrechnen kann, vor wie vielen Jahren sie so aussahen und wie alt sie demnach etwa sein müssen. Privatportraits tragen daher in der Regel die Jahreszahl der Aufnahme nicht, d. h. sie sind vogelfrei. Der anständige Photograph, der die Aufnahme fertigte, kann keinen Gebrauch hiervon machen; der Pirat aber, dem ein solches Bild in die Hände fällt, kann Tausende davon zu Spottpreisen verkaufen.» Hier glaube ich, das Gesetz gegen den Mangel an Galanterie und Vorsicht in Schutz nehmen zu sollen. § 5 unter c verlangt das Kalenderjahr, in welchem die rechtmäfsige Abbildung zuerst erschienen ist. Bei den Bildnifsphotographieen, denen eine Jahreszahl fehlt, ist von einem «Erscheinen» nicht die

Rede. Es bedarf der Jahreszahl nicht, vielmehr greift § 6 Abs. 2 Platz: «Wenn solche Abbildungen nicht erscheinen, so wird die fünfjährige Frist von dem Ablaufe desjenigen Kalenderjahres ab gerechnet, in welchem das Negativ der photographischen Aufnahme entstanden ist.»

76. Kohler, «Das Individualrecht als Namenrecht», Archiv für bürgerliches Recht, Bd. V S. 91.

77. Ferner sind zu erwähnen: Ueber Bedeutung und Anwendung der Photographie im Strafverfahren von Friedrich Paul, Olmütz 1895, Ed. Hölzel und die daselbst S. 55 bezeichneten Abhandlungen. Dafs Messungen ein sicheres Mittel zur Feststellung der Persönlichkeit sind, sei als bekannt erwähnt. Angeschlossen sei das Antropometrische Signalement von A. Bertillon, Chef des Bureaus für Identitätsnachweis in Paris. Autorisirte deutsche Ausgabe von Dr. v. Sury †, Professor der gerichtlichen Medizin. 2 Bände. Preis 25 Mk. Bonn 1895, A. Siebert.

78. Dr. Stolze in seiner Anmerkg. 72 bezeichneten Abhandlung S. 405.

79. Keineswegs will ich damit ein Recht auf Bildaufnahme in geschlossenem Garten u. s. w. beanspruchen. In der Gewährung des Eintritts, des Anschauens ist noch nicht das Recht der Bildentnahme enthalten. Die Verletzung des ausschliefslichen Rechtes zur Aufnahme von Photographieen kann Gegenstand eines Pachtvertrages bilden. — Die Werke der Baukunst sind gegen die Entnahme von Photographieen nicht geschützt. R.G. vom 9. Januar 1876, § 3. Scheele, «Das deutsche Urheberrecht», S. 176, III. Ist ein Bauwerk mit einem Gemälde geschmückt, so kann mittelbar der Schutz des Gemäldes auf das ungeschützte Bauwerk sich erweitern. Scheele a. a. O. S. 179. 183.

80. Oben S. 31.

81. Vgl. Entsch. des Reichsgerichts in Strafsachen, II. Straf-Senat vom 15. Februar 1886 Bd. III S. 357 unten.

82. R.St.G.B. §§ 183. 40. 41. 42. B.G.B. § 81.

83. Oben S. 27.

84. Kohler, im Archiv für bürgerliches Recht Bd. V S. 90.

85. Ich weise die Wendung «wissen mufste» zurück, wegen seiner bedenklichen Unbestimmtheit. Olshausen, Kommentar zum R.St.G.B. 4. Aufl. zu § 250 Anmerkg. 21. — Ich will bestimmt den Unvorsichtigen, Fahrlässigen treffen. B.G.B. § 248. 270.

86. Gern gebe ich dem Vorschlag des Dr. Stolze in seiner Abhandlung «Der Schutz der Photographie» — oben Anmerkg. 72 — weitere Verbreitung. «Auf öffentlichen Strafsen, Plätzen, Wegen, in öffentlichen Parks u. s. w. ist das Photographiren gestattet, soweit dasselbe keinerlei Belästigung des Verkehrs zur Folge hat. Von den so gewonnenen Bildern dürfen jedoch solche, welche den Charakter des Portraits haben, nur mit der Einwilligung der Photographirten veröffentlicht werden. Bei Festzügen, grofsen Menschenansammlungen und überall, wo die Personen nur als Staffage der Landschaft dienen, ist eine solche Erlaubnifs nicht erforderlich.» In einer Anmerkung heifst es weiter: «Dieser Paragraph giebt dem Publikum die ihm bei der neueren Entwickelung der Momentphotographie nothwendige Sicherheit dafür, dafs Einzelportraits nicht ohne Einwilligung der Betreffenden in den Handel gebracht werden können. Das bisherige Gesetz versagt hier, da es an einem Besteller des Portraits fehlt. Andererseits gewährleistet die gewählte Fassung der Photographie die Freiheit, welcher sie bedarf, um für Kunst, Wissenschaft, Tagesgeschichte und Kulturleben ihre volle Wirksamkeit zu entwickeln.» — Es wird erkennbar sein, dafs ich einerseits gegen Dr. Stolze einzuschränken, andererseits zu erweitern geneigt bin. — Zu vergleichen Schrank, «Der Schutz des Urheberrechts an Photographieen», S. 31. Halle a. S. 1893, Wilhelm Knapp.

87. Oben Anmerkg. 24.

88. Entsch. des Reichsgerichts I. Civ.-Senat von 19. Dezember 1888 und 31. Januar 1891, Bd. XXII S. 174, Bd. XXVII S. 60.

Druck von Leonhard Simion in Berlin SW.

FSC
www.fsc.org
MIX
Papier | Fördert gute Waldnutzung
FSC® C083411

Kolibri 360 GmbH
Ferdinand-Jühlke-Straße 7
99095 Erfurt, Deutschland
produktsicherheit@kolibri360.de